챗GPT
교육혁명

챗GPT 교육혁명

ChatGPT를 활용한 하이터치 하이테크 미래교육

정제영, 조현명, 황재운, 문명현, 김인재 지음

포르체

미래교육을 위한 새로운 도구, ChatGPT

인공지능 기술이 진보를 거듭하면서 세상이 크게 변화하고 있습니다. 최근 공개되어 세상을 떠들썩하게 만든 ChatGPT는 이러한 변화의 과정이라고 할 수 있습니다. 스마트 시티, 스마트 홈, 스마트폰 등 다양한 디바이스에서 인공지능을 활용하며 우리 삶은 더욱 편리해졌습니다.

인공지능 기술은 교육 분야에도 활용되어 많은 변화가 이루어지고 있습니다. 그동안 학교에서 이루어지던 평균 지향의 대량교육 체제가 서서히 변화하기 시작하였습니다. 한 명의 교사가 많은 학생을 효율적으로 지도하기 위해 도입한 대량교육 체제는 학생들의 개별성을 존중하지 못한다는 한계를 가지고 있습니다. 나에게 맞지 않는 수준과 속도의 교육을 받아야 하는 학생들은 교실에서 소외되었습니다. 하지만 인공지능 기술의 도입으로 개인별 맞춤형 진단과 개별화된 학습 지도를 통해 맞춤형 학습을 할 수 있는 가능성이 높아진 것입니다.

ChatGPT는 교육분야에서 혁명적인 변화를 예고하고 있습니다. 지금까지는 학습자에게 질문을 던지고 학습자들이 그에 대한 답을 찾는 과정으로 교육이 이루어졌지만, ChatGPT를 활용하면 학생들이 스스로 질문을 찾고 답을 찾는 것이 더 중요하게 될 것입니다. ChatGPT를 활용하는 이상적인 교육 방식은 학생이 스스로 주체가 되는 학습입니다. 학생들은 자신이 가진 의문점을 ChatGPT에게 질문하고 그에 대한 답을 찾으며 스스로 학습할 수 있습니다. 이러한 방식은 학생들의 호기심과 자발성을 증진시키며, 문제를 해결하고 생각하는 능력을 키울 수 있습니다.

이제 인공지능은 사람과 대화를 하고, 이미지나 음성을 인식하고, 문제를 해결하는 등 다양한 분야에서 활용되고 있습니다. 그중에서도 자연어 처리 분야에서 ChatGPT와 같은 생성형 언어 모델이 최근 들어 대중의 높은 관심을 받고 있습니다. 이러한 변화 속에서 ChatGPT와 같은 인공지능 기술을 제대로 이해하지 못하면 그 활용 가능성도 충분히 인식하지 못할 가능성이 있습니다. ChatGPT와 같은 새로운 기술을 적절하게 활용하기 위해서는 기술에 대한 이해가 필수라 할 수 있습니다. ChatGPT에 대한 이해를 도모하기 위해 개념과 기술적 특징, 그리고 각종 활용 사례에 대해 살펴보고 이해하는 것이 중요합니다.

ChatGPT를 효과저으로 활용하기 위해서는 학습자들이 본인이 원하는 답을 구하기 위해 정확한 질문을 제시하는 것이 중요합니다. 제대로 된 질문을 하지 않으면, ChatGPT가 제대로 된 대답을 제공할 수 없습니다. 제대로 된 질문을 하기 위해서는 질문의 목적을 분명히 이해하고, 그 목적에 부합하는 질문을 작성해야 합니다. 예를 들어, "우주에서의 중력은 어떻게 작용하는가?"와 "왜 지구에서는 물체가 땅으로 떨어지는가?"는 모두 중력에 관한 질문이지만, 목적과 레벨이 다르므로 다른 답변을 얻게 됩니다. 학습자는 질문을 제대로 작성하기 위해서 자신의 지식을 확장시키고, 더 깊이 있는 이해를 기반으로 해야 합니다. ChatGPT는 학습자의 질문에 따라 매우 유용한 지식과 정보를 제공해주지만 단순히 ChatGPT가 제공하는 답변을 그대로 활용하는 것은 바람직하지 않습니다. 학습자들은 ChatGPT가 제공하는 정보를 바탕으로 창의적인 관점에서 자료를 재구성하고 새로운 지식을 창출해야 합니다. 학습자들이 ChatGPT가 제공하는 답변을 비판적으로 검토하고 자신만의 생각과 판단력을 적극적으로 발휘한다면, 그들은 더욱 창의적인 방식으로 지식을 활용하고, 새로운 아이디어를 발견할 수 있습니다.

ChatGPT를 제대로 활용하는 주인이 되기 위해서는 첫째, 개념적 지식 기반의 판단력이 필요합니다. 질문하는 능력은 학습자가 무엇을 알고 있는지, 무엇을 알고 싶은지를 명확하게 이해하고, 그에 따른 적절한 질문을 제기할 수 있는 능력입니다. 또한, ChatGPT와 같은 인공지능 기술을 활용할 때, 학습자는 제공되는 답변을 선별하고 평가할 수 있는 판단력도 필요합니다. 인공지능 기술은 다양한 정보와 지식을 제공하지만, 항상 정확하지는 않을 수 있습니다. 따라서 학습자는 제공된 답변을 분석하고, 그것이 올바른 정보인지를 판단할 수 있어야 합니다.

둘째, 커뮤니케이션 역량을 강화해야 합니다. ChatGPT의 올바른 사용을 위해서는 텍스트 기반의 커뮤니케이션 능력을 갖추는 것이 매우 중요합니다. 대화를 통해 본인의 콘텐츠를 상대방에게 명확하게 전달하고 소통할 수 있는 역량이 더욱 강조될 것으로 예상됩니다.

셋째, 실제 문제를 해결하는 능력을 길러야 합니다. 특히 학습자가 문제를 인식하는 수준은 ChatGPT에게 하는 질문으로 표현됩니다. 다시 말해서 질문의 수준이 ChatGPT 활용의 수준을 결정한다고 해도 과언이 아닙니다. 따라서 좋은 질문을 할 수 있는 역량이 필요합니다.

넷째, 창의성과 인문학적 상상력을 함양하는 것이 필요합니다. 창의성은 새로운 아이디어나 해결 방안을 만들어 내는 능력입니다. 즉, 문제를 해결하기 위해 새로운 관점이나 방법을 찾는 것을 말합니다. 창의성은 직관, 상상력, 비판적 사고, 탄력성 등의 다양한 요소들을 포함합니다. 인문학적 상상력은 인문학적 지식과 상상력을 결합하여 현실에 대한 깊은 이해와 창의적인 해결책을 찾는 능력입니다. ChatGPT를 사용하여 새로운 아이디어를 도출하려면, 적절한 질문을 구성하고 새로운 관점에서 문제를 바라볼 수 있어야 합니다. 이러한 능력은 창의성과 인문학적 상상력을 함양하는 것이 필수적입니다.

다섯째, 디지털 리터러시와 시민성을 갖추는 것이 중요합니다. 디지털 리터러시는 디지털 환경에서 정보를 찾고, 평가하고, 사용하는 능력을 의미합니다. 이는 ChatGPT에서 제공하는 정보를 적절하게 이해하고 활용할 수 있는 능력을 의미합니다. 디지털 시민성은 디지털 리터러시 역량을 갖춘 시민들이 사회 구성원으로서 추구해 나가야 할 올바른 가치와 비전을 의미합니다. ChatGPT와 인공지능 기술을 이용하면서 다양한 정보를 얻고, 이를 활용하면서 개인의 권리와 책임, 또한 사회적 책임까지 고려해야 합니다. 이를 통해 디지털 시대에 대한 시민의 역할을 수행할 수 있으며, 더 나은 사회를 만들어 갈 수 있습니다.

여섯째, 자기주도적 학습 역량을 길러나가는 것이 핵심입니다. 자기주도적 학습 역량은 개인이 자신의 학습을 계획하고 조절하며 이를 실행하는 능력입니다. ChatGPT를 포함한 인공지능 기술은 학습자가 질문에 대한 답을 찾는 것을 돕는 도구일 뿐입니다. 학습자는 ChatGPT를 활용하면서도 스스로 학습 목표를 설정하고, 학습 방법을 선택하며, 학습 과정에서 발생하는 문제를 스스로 해결해 나가는 자기주도적 학습 역량을 함양해야 합니다.

ChatGPT는 인터넷 세상을 만나며 경험하였던 지식과 정보의 바다보다 더 넓고 큰 망망대해입니다. 바다 한가운데 떨어진 학습자는 목표를 명확하게 해야 합니다. 그렇지 못할 경우에는 바다 한 가운데서 방향을 잃게 될 것입니다. ChatGPT는 학습자가 원하는 지식과 정보를 제공해주는 도구입니다. 학습자는 목표를 가지고 학습하고 ChatGPT를 활용해 필요한 정보를 찾아내고, 문제를 해결해야 합니다.

이 책은 ChatGPT에 질문하여 받은 답변 자료를 활용하여 집필하였음을 밝힙니다. 그리고 이 책에 삽입되어 있는 삽화는 텍스트로 된 설명으로 이미지를 생성하는 인공지능 프로그램인 미드저니 Midjourney를 활용하였습니다. 이제 독자 여러분 모두 ChatGPT의 주인이 되어 본인의 잠재 역량을 최대한 발휘할 수 있기를 바랍니다.

2023년 3월 저자 대표

정제영

목차

1부

가장 앞선 인공지능, ChatGPT

1장   ChatGPT란 무엇일까?

/imagine prompt: chatbot, chatting with robot and person, simple style, illustration

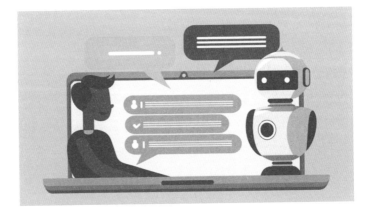

ChatGPT의 개념

OpenAI에서 개발하여 공개한 인공지능 챗봇인 ChatGPT Chat Generative Pre-trained Transformer는 2022년 11월 30일 출시 후 다양한 활용 가능성을 보여 주며, 출시된 지 5일 만에 100만 명, 2주 만에 200만 명의 사용자를 달성하였습니다. 100만 명의 이용자를 확보하는 데 넷플릭스는 3.5년, 에어비앤비는 2.5년, 페이스북은 10개월이 걸린 것과 비교하면 압도적으로 단기간이라고 할 수 있으며 다른 인공지능 서비스에서 전례가 없는 기록입니다. 100만 명 이용자 확보에 깃허브 GitHub의 코드 작성을 도와주는 AI 서비스 코파일럿 Copilot은 6개월, OpenAI가 만든 이미지 생성 AI 서비스 달리2 DALL-E 2는 약 2.5개월 소요된 바 있습니다.

이는 ChatGPT에 대한 사용자들의 폭발적인 반응을 나타내는 수치라고 할 수 있습니다.

ChatGPT는 사람이 의사소통할 때 사용하는 언어인 자연어를 분석하는 자연어 처리 Natural Language Processing, NLP 작업에 사용되는 대규모 인공 신경망 모델을 의미합니다. ChatGPT를 개발한 OpenAI는 2015년에 일론 머스크 Elon Musk, 그렉 브록만 Greg Brockman, 샘 알트만 Sam Altman, 일리야 수츠케버 Ilya Sutskever, 존 슐만 John Schulman 등이 인공지능 기술 발전을 위해 설립하였습니다. 2018년 이후 일론 머스크가 운영진에서 물러난 이후에도 OpenAI는 다양한 분야에서 인공지능 기술을 연구하고 개발하는 일을 계속하고 있습니다. 인공지능 분야에서 혁신적인 연구와 개발을 추구해 온 OpenAI의 주요 기술이 발전해 온 과정은 다음과 같습니다.

2015년: OpenAI 창립

OpenAI는 2015년에 인공지능 기술 발전을 위해 설립되었다. 창립 멤버로는 일론 머스크, 그렉 브록만, 샘 알트만, 일리야 수츠케버, 존 슐만 등이 있다.

2016년: Dactyl 프로젝트

OpenAI는 Dactyl 프로젝트에서 인공지능 기술을 이용해 로봇 손가락을 조작하는 기술을 연구하였다. 이 프로젝트를 통해 OpenAI는 인공지능 기술이 물리적인 작업을 수행할 수 있다는 잠재력을 과시하였다.

2017년: Universe 프로젝트

OpenAI는 Universe 프로젝트를 시작하여 인공지능 기술을 이용해 게임을 학습하고 플레이하는 데 사용할 수 있는 기술을 연구하였다. 이 프로젝트를 통해 OpenAI는 강화학습 분야에서 큰 발전을 이루었다.

2018년: GPT-1 출시

OpenAI는 GPT 프로젝트를 시작하여, 대규모 언어 모델인 GPT-1을 개발하였다. 이 프로젝트를 통해 OpenAI는 자연어 처리 분야에서 엄청난 발전을 이루어, 인공지능 기술의 영역을 확장하였다.

2019년: GPT-2 및 AI Dungeon 게임 출시

OpenAI는 AI Dungeon이라는 대화형 소셜 게임을 출시하였다. 이 게임은 GPT-2를 활용하여, 사용자들이 입력한 대화를 바탕으로 이야기를 생성하는 방식으로 동작한다.

2020년: GPT-3 출시

OpenAI에서 출시한 GPT-3는 지금까지 개발된 대규모 자연어 처리 모델 중에서 가장 큰 모델 중 하나이며, 기존 모델들보다 더 높은 수준의 자연어 처리 능력을 갖추고 있다.

2022년: GPT-3.5 출시

2022년 11월 30일 공개된 GPT-3.5는 2018년 처음 공개된 GPT-1보다 약 1,500배 많은 파라미터(1,750억 개)를 활용하였다.

OpenAI에서 2023년 3월 14일에 출시한 GPT-4는 GPT-3.5와 비교할 때 각종 벤치마크 점수가 크게 갱신되어 멀티모달 기반의 챗 서비스를 제공하게 되었다.

2018년부터 시작된 GPT 프로젝트는 기존에 개발된 다양한 자연어 처리 기술들을 발전시키는 것을 목표로 하였습니다. 여기서 GPT는 'Generative Pre-trained Transformer'의 약자로 'Generative'는 모델이 새로운 텍스트를 생성할 수 있다는 것을 의미하며, 'Pre-trained'는 모델이 사전학습되었다는 것을, 'Transformer'는 자연어 처리를 위한 딥러닝 모델 중 하나를 의미합니다. 즉 GPT는 '생성형 사전학습 트랜스포머'라는 것을 의미합니다. OpenAI는 2018년 6월에 처음으로 GPT 모델을 발표했습니다. 특히, ChatGPT는 주로 대규모 텍스트 코퍼스Corpus, 말뭉치를 학습해 다음 단어나 문장을 예측하는 방식으로 작동합니다. ChatGPT는 자연어 처리 작업에 있어 놀라울 정도로 뛰어난 성능을 보이고 있습니다. 예컨대 ChatGPT는 대화 시스템, 기계 번역, 질의응답 시스템 등 다양한 자연어 처리 응용 분야에 활용될 수 있습니다.

이후에도 OpenAI는 GPT 시리즈의 다양한 버전을 발표하고 있으며, 2023년 3월 14일 가장 최신 버전으로 GPT-4가 출시되었습니다. OpenAI의 인공지능 언어 모델의 성능은 GPT-1, GPT-2, GPT-3, GPT-3.5, GPT-4의 순서로 더 발전된 버전들이 출시되면서 크게 향상되어 왔습니다.

GPT-3.5는 약 1,750억 개의 파라미터를 보유하고 있습니다. 이 파라미터의 수치는 GPT-3.5 모델의 크기를 나타내는 일종의 지표일 뿐, 모델의 성능과 직접적으로 관련이 있는 것은 아닙니다. GPT-3.5는 이전의 GPT 모델들과 달리 파라미터 수뿐만 아니라 모델 아키텍처, 학습 데이터, 학습 방법 등에 대해서도 다양한 변화를 가한 모델입니다. 파라미터 수 이외에도 다양한 요소들이 성능에 영향을 미치므로 GPT-3.5의 성능은 이전 모델들과 큰 차이가 있습니다.

OpenAI의 GPT 프로젝트는 2020년 2월에 AI 기반 챗봇 개발 목적으로 발표된 이래 지속적으로 발전되어 왔습니다. 이전 버전인 GPT-2에서 시작해 현새 버선인 GPT-4까지 다양한 버전이 출시되었는데, 이들 중 일부는 대화형 인터페이스에 특화된 모델로 개발되었습니다. GPT 기술의 발전을 통해 ChatGPT는 자연어 처리 기술을 발전시키고 대화형 인터페이스에 적용할 만큼 높은 수준의 자연어 생성 능력을 갖출 수 있게 되었습니다. GPT가 발전해 온 과정을 요약하면 다음과 같습니다.

1. GPT-2

GPT-2는 2019년에 발표된 버전으로, 기존의 자연어 처리 기술을 발전시키기 위해 개발되었다. 이 모델은 대용량의 텍스트 데이터를 학습하여, 다음 단어나 문장을 예측하는 방식으로 작동한다. GPT-2는 이미 대화형 인터페이스에 적용할 수 있는 높은 수준의 자연어 생성 능력을 보여주었다.

2. GPT-2 Large

GPT-2 Large는 GPT-2 모델보다 더 큰 모델로, 더 많은 학습 데이터를 갖추어 높은 자연어 생성 능력을 보여준다.

3. GPT-3

GPT-3는 2020년에 출시된 새로운 버전으로, GPT-2 모델보다 더 많은 학습 데이터를 갖추어 더 높은 수준의 자연어 처리 능력을 보여준다. GPT-3는 대화형 인터페이스에 적용하기 위해 특별히 개발된 버전도 있다. 이 버전은 이전 버전에서 개선된 대화 지속성 기능과 더욱 자연스러운 대화 생성 능력을 갖추고 있다.

4. GPT-3.5

GPT-3.5는 2022년에 발표된 새로운 버전으로, 기존 GPT-3 모델보다 더 큰 모델 크기와 더 많은 학습 데이터를 갖추어 더 높은 자연어 처리 능력을 보여준다. 이 모델은 대화형 인터페이스에 적용할 수 있는 높은 수준의 자연어 생성 능력을 갖추고 있다.

5. GPT-4

GPT-4는 2023년에 출시된 새로운 버전으로, OpenAI는 기존 GPT-3.5 모델보다 훨씬 더 신뢰할 수 있고 창의적이며 더 미묘한 명령을 처리할 수 있다고 밝히고 있다.

최근에는 '초거대 AI'라는 용어가 대중의 관심을 집중시키고 있습니다. 이 같은 용어의 등장으로 ChatGPT에 관한 관심 또한 증폭되고 있습니다. 여기서 말하는 초거대 AI는 인공지능 분야에서 최근에 주목받고 있는 연구 주제 중 하나로, 인공 신경망과 딥러닝 기술 등을 활용해 규모와 연산 능력이 매우 큰 인공지능 모델을 의미합니다. 이와 같은 초거대 AI는 대규모 데이터 셋과 컴퓨팅 파워, 인프라를 필요로 합니다.

대표적으로 GPT-3는 1,750억 개의 파라미터를 가지는 모델로 초거대 AI 중 하나로 꼽히고 있습니다. 조거대 AI는 기존의 모델보다 더욱 정교하고 복잡한 작업을 수행할 수 있으며, 자연어 처리 분야에서 높은 성능을 드러냅니다. 예컨대 GPT-3는 대화 생성, 기계 번역, 텍스트 요약 등의 다양한 자연어 처리 작업에서 높은 성능을 나타내고 있으며, 대화 생성 분야에서는 인간과 거의 구별을 할 수 없을 정도로 수준 높은 대화를 생성할 수 있습니다.

하지만 초거대 AI를 성공적으로 활용하기 위해서는 몇 가지 조건을 충족해야 합니다. ChatGPT와 같은 초거대 AI는 대규모의 데이터셋과 연산 능력을 필요로 하기 때문에 학습 및 추론에 상당한 비용이 투입되어야 합니다. 그리고 모델의 파라미터 수가 매우 크기 때문에 모델 자체가 비대해진다는 문제도 존재합니다. 이러한 점을 모두 고려하면, 초거대 AI 모델의 학습 및 추론을 성공적으로 이끌기 위해서는 강력한 컴퓨팅 자원과 인프라가 필수적입니다. 그리고 앞서 설명한 문제를 해결할 수 있는 기초연구도 보다 활발히 이루어져야 할 필요가 있습니다.

ChatGPT는 다양한 세부 요소들이 복합적으로 작용하여 이루어지는 인공지능 모델이기도 합니다. 이를 구성하는 세부 요소는 크게 데이터, 모델 아키텍처, 학습 알고리즘, 추론 방법 등으로 구분할 수 있습니다. 이에 대해 더욱 구체적으로 정리하면 다음과 같습니다.

첫째, ChatGPT를 위한 학습 데이터는 대규모의 텍스트 코퍼스 데이터입니다. 이러한 데이터들은 문서, 뉴스, 책 등 다양한 분야에서 수집됩니다. 이 데이터를 통해 ChatGPT는 코퍼스에 대한 통계 및 특성을 분석하고, 이를 기반으로 문장 생성 및 이해를 수행합니다.

둘째, ChatGPT의 모델 아키텍처는 구글에서 개발하였던 모델인 트랜스포머Transformer 기반으로 구성됩니다. 트랜스포머는 인코더-디코더 아키텍처를 사용하여 기계 번역에 적용되기 시작했으며, 이후 자연어 처리 분야에서도 널리 사용되고 있습니다. ChatGPT의 모델 아키텍처는 트랜스포머의 디코더 부분만 사용하며, 이를 여러 층으로 쌓아 학습합니다.

셋째, ChatGPT의 학습 알고리즘은 주로 언어 모델링에서 사용되는 기술들을 사용합니다. 이러한 알고리즘들은 순환 신경망Recurrent Neural Network, RNN과 같은 기존 모델보다 더욱 정확하고 효과적으로 새로운 데이터를 처리할 수 있습니다.

넷째, ChatGPT는 다양한 추론 방법을 사용하여 입력 문장에 대한 출력 문장을 생성합니다. 대표적인 추론 방법으로는 빔 서치Beam search,

샘플링Sampling , 그리디 디코딩Greedy decoding 등이 있으며, 이러한 방법들을 조합하여 보다 정확한 문장을 만듭니다.

Tip. ChatGPT 사용 방법

❶ OpenAI 웹사이트에 접속합니다. (https://openai.com/)
❷ 스크롤을 아래로 내려 'Try ChatGPT'를 선택합니다.

❸ 'Sign up' 버튼을 클릭하여 계정을 만듭니다.
❹ 이메일을 인증하여 계정을 활성화합니다.

❺ 계정이 활성화되면, API키를 생성하고 다양한 GPT 기능을 사용할 수 있습니다.

❻ 좌측 하단의 'Upgrade to Plus'를 눌러 결제하면 무료 버전보다 업그레이드 된 유료 버전의
   모델을 이용할 수 있습니다.

*   다만 위 절차는 대략적인 가이드에 해당하며, 구체적인 과정은 때에 따라 변할 수 있습니다.
    이에 관한 자세한 내용은 OpenAI 웹사이트에서 확인할 수 있습니다.

ChatGPT의 기술적 특징

ChatGPT는 대화형 인공지능의 발전에 큰 영향을 미친 '사전학습된 언어 모델Pre-trained language model' 패러다임과 관련이 있습니다. 이전까지는 자연어 처리 분야에서 문제를 해결하기 위해 각각의 자연어 처리 작업마다 새로운 모델을 만들어야 했습니다. 예컨대 언어 모델링Language modeling 작업의 수행을 위해서는 LSTM Long Short Term Memory 이나 GRU Gated Recurrent Unit 같은 순환신경망 기반의 모델이 사용되었고, 기계 번역 작업 수행을 도모하기 위해서는 Seq2Seq Sequence to Sequence 모델이 사용되었습니다. 다시 말해 기존의 자연어 처리 분야에서는 규칙기반Rule-based 접근법이 일반적이었습니다. 이 방법은 사람이 수작업으로 규칙을 작성하고, 이를 기반으로 자연어를 처리하는 방식이었습니다. 처리할 수 있는 자연어의 종류와 양에 제한이 있었으며, 새로운 언어나 도메인에 대한 대응이 어렵다는 문제가 있었습니다.

하지만 사전학습된 언어 모델 패러다임이 등장하면서 앞에서 언급한 문제를 해결할 수 있는 가능성이 열리게 되었습니다. 여기서 사전학습된 언어 모델이란, 대규모 텍스트 데이터를 사전에 학습한 후 자연어 처리 작업에 적용하는 모델을 말합니다. 이를 통해 자연어 처리 작업을 할 때마다 새로운 모델을 만들 필요가 없어지게 되었고, 너무 많은 양의 데이터를 학습해 실제 사례에서 오히려 현실성이 떨어지고 오차가 커지는 과적합Overfitting의 문제가 해결되었습니다.

ChatGPT는 사전학습된 언어 모델 패러다임의 대표적인 예라 할 수 있습니다. ChatGPT는 대규모 텍스트 데이터를 학습한 이후, 주어진 문맥에서 다음 단어를 예측하는 언어 모델링 작업을 수행하게 됩니다. 따라서 ChatGPT는 기존의 자연어 처리 모델 개발 방식을 크게 변화시키면서도, 대화형 인공지능 분야에서의 발전을 이끌어 냈습니다.

자연어 처리를 위한 트랜스포머 기반 모델

ChatGPT는 딥러닝 기술 중 하나인 트랜스포머 모델을 사용하여 자연어 처리를 수행합니다. 이러한 트랜스포머는 자연어 처리 분야에서 매우 인기 있는 딥러닝 아키텍처 중 하나입니다. 이 모델은 구글Google AI Brain Team에 의해 개발되었으며, 2017년 발표된 논문 〈Attention is all you need〉에서 처음으로 소개되었습니다. 트랜스포머 모델은 순환 신경망이나 합성곱 신경망Convolutional Neural Network, CNN 대신 어텐션 메커니즘을 사용하여 시퀀스 데이터를 처리하는데, 특히 기계 번역과 같은 자연어 처리 분야에서 매우 효과적인 모델로 인정받고 있습니다. 즉, 트랜스포머 모델은 이전까지 사용된 RNN, LSTM 등의 모델에 비해 높은 성능을 보이는 것으로 알려져 있습니다.

트랜스포머 모델은 임베딩 레이어, 인코더, 디코더로 구성됩니다. 인코더는 입력 시퀀스를 임베딩하고, 디코더는 출력 시퀀스를 임베딩합니다. 이 임베딩된 시퀀스는 Self-Attention 메커니즘을 사용하여 처리됩니다. 여기서 Self-Attention은 입력 시퀀스 내의 각 위치가 다른 위치와 상호작용하는 정도를 계산하는 메커니즘입니다. 이를 통해 각 단어의 중요도를 결정하고, 그에 따라 입력 시퀀스를 처리합니다. 이 메커니즘은 이전에 사용되었던 순환 신경망이나 합성곱 신경망과 달리 시퀀스 내의 모든 단어들에 대해 병렬적으로 계산할 수 있기 때문에 계산 속도가 매우 빠릅니다. 그리고 트랜스포머 모델은 이전 모델에 비해 훨씬 더 깊은 층으로 구성될 수 있습니다. 이는 입력 시퀀스를 더욱 세밀하게 학습할 수 있도록 합니다. 구글의 트랜스포머 모델 이후 여러 가지 변형 모델들이 나오면서 자연어 처리 분야에서 수준 높은 성능을 드러내고 있습니다. 트랜스포머 모델은 자연어 처리 분야에서 매우 중요한 딥러닝 아키텍처 중 하나로 자리잡고 있습니다.

대규모 데이터셋을 사용한 사전학습

ChatGPT는 대규모 데이터셋 사전학습을 통해 생성된 언어 모델입니다. ChatGPT의 사전학습에는 매우 방대한 양의 데이터가 필요합니다. 이를 통해 모델은 보다 다양한 문장 패턴과 언어적 특성을 학습하게 되며, 이후 미세 조정Fine-Tuning 단계에서 특정한 태스크에 적합하도록 조정됩니다. OpenAI에서 공개한 GPT-3 모델은 45TB의 텍스트 데이터를 학습했습니다. 이 데이터셋은 영어와 다른 언어의 웹페이지, 책, 뉴스 등 다양한 소스에서 수집된 것입니다.

사전학습은 크게 두 개의 단계로 나누어집니다. 첫 번째 단계는 언어 모델을 학습하는 단계이며, 입력 시퀀스를 받아 다음 단어를 예측하는 방식으로 학습이 이루어집니다. 이 단계에서는 대규모의 비지도학습Unsupervised learning 데이터셋을 사용하여 언어 모델을 학습합니다. 두 번째 단계는 미세 조정 단계로, 이 단계에서는 학습된 언어 모델을 특정 태스크에 맞게 미세 조정하여 해당 태스크에서 최적의 성능을 낼 수 있게 합니다. 예컨대 ChatGPT는 자연어 생성 작업에서 뛰어난 성능을 보이는데, 이는 자연어 생성 작업에 맞게 모델을 미세 조정한 결과입니다. 이러한 대규모 데이터셋을 사용한 사전학습 방법은 언어 모델이 입력 시퀀스의 의미와 문맥을 파악하는 능력을 향상시켜 자연어 처리 분야에서 큰 성과를 거두고 있습니다.

인간 피드백을 통한 강화학습RLHF

인간 피드백을 통한 강화학습Reinforcement Learning with Human Feedback, RLHF은 ChatGPT 개발 과정에서 사용된 기술 중 하나로 기존 강화학습과는 달리, 인간의 피드백을 적극적으로 활용하여 모델을 학습하는 방법입니다. 기존 강화학습에서는 모델이 환경과 상호작용하면서 스스로 보상을 최대화하는 방법을 찾아나가는데 반해, 인간 피드백을 통한 강화학습은 인간이 제공하는 피드백을 보상으로 활용합니다. ChatGPT에서 이를 활용한 경우, 모델이 생성한 문장에 대해 인간 평가자가 피드백을 제공하면 모델은 피드백을 보상으로 받아 문장 생성 방법을 개선하게 됩니다. 이를 통해 모델은 보다 인간 중심적인 방향으로 학습할 수 있으며, 자연스러운 문장 생성이 가능합니다.

여기서 인간 피드백은 모델이 생성한 출력물에 대한 평가이며, 이를 보상으로 삼아 모델이 더 나은 출력물을 생성하도록 유도합니다. 구체적으로 ChatGPT의 경우, 모델이 자연어 생성 과정에서 인간이 이해할 수 있는 자연스러운 문장을 생성하기 위해 이를 사용합니다. 이를 위해, ChatGPT 개발팀은 인간 평가자들을 모아 모델이 생성한 문장에 대해 평가하도록 했고, 이를 바탕으로 모델을 개선했습니다. 이처럼 인간 피드백을 통한 강화학습을 사용하면 인간의 지식과 경험을 모델 학습에 적극적으로 활용할 수 있으며, 모델이 실제 환경에서 사용될 때 더 높은 성능을 발휘할 수 있게 됩니다. 실제로 ChatGPT 개발 과정에서 이를 사용함으로써, 인공지능 모델을 보다 인간 중심적으로 개선할 수 있게 되었습니다.

특정 도메인 관련 학습을 위해 미세 조정Fine-Tuning

ChatGPT 모델은 OpenAI에서 사전학습된 대규모 언어 모델이지만, 모든 영역의 문제에 대해 최적화된 모델은 아닙니다. 대규모 언어 모델이라 해도 특정한 도메인이나 분야에서 더 나은 성능을 내기 위해서는 미세 조정 과정이 필요합니다.

미세 조정은 미리 학습된 모델을 특정한 태스크에 맞게 조정하는 과정입니다. 미세 조정을 위해서는 해당 태스크나 도메인에 맞는 데이터를 수집해야 합니다.

미세 조정은 크게 세 단계로 이루어집니다. 첫째, 사전학습된 모델을 불러와서 태스크에 맞게 수정합니다. 이 과정에서 모델의 마지막 레이어나 추가적인 레이어를 포함하여 새로운 모델 아키텍처를 만들 수 있습니다. 둘째, 태스크나 도메인에 맞게 수정된 모델을 특정 데이터셋으로 학습시킵니다. 이때, 모델은 이전에 학습된 파라미터 값으로 초기화되고, 새로운 데이터셋에 대해 다시 학습을 진행합니다. 셋째, 미세 조정된 모델을 평가하고 성능을 확인합니다. 이 단계에서는 평가 데이터셋을 이용하여 모델의 성능을 측정합니다. 평가 결과를 통해 모델의 성능이 어느 정도 개선되었는지 확인하고 필요한 경우 미세 조정을 다시 수행하여 성능을 향상시킵니다.

단어 수준Word-level 대화 생성으로 일관된 대화 유지

ChatGPT는 단어 수준Word-Level 대화 생성 능력이 뛰어난 언어 모델 중 하나입니다. ChatGPT는 일반적인 챗봇 모델에서 주로 사용되는 단어 나열 기반 방식이 아닌, 문장 구조를 고려하는 방식으로 응답을 생성합니다. 이는 입력으로 주어진 문맥Context을 이해하고, 다음에 등장할 단어를 예측하는 능력을 갖추고 있기 때문입니다. ChatGPT는 입력된 문장을 단어 단위로 분할하여 이해하고 이에 대한 적절한 답변을 생성합니다. 이를 위해 단어의 의미와 문맥을 이해하는데 필요한 다양한 자연어 처리 기술과 알고리즘을 사용합니다. ChatGPT가 학습한 데이터에는 다양한 분야의 문서가 포함되어 있는데, 이를 바탕으로 사용자가 입력한 문장에 대한 답변을 생성할 때에도 최대한 정확하고 자연스러운 답변을 제공하기 위해 노력합니다.

예를 들어 "오늘 날씨가 매우 좋아요."라는 문장을 입력하면, 모델은 '오늘' 이후에 '날씨가'가 나올 확률이 높을 것으로 판단하여 '날씨가'를 다음 단어로 예측합니다. 이렇게 ChatGPT는 이전 대화에서 사용되었던 모든 문맥을 고려하여 다음 단어를 예측해 대화를 생성할 수 있습니다. 이를 통해 ChatGPT는 다양한 주제에 대한 대화를 생성하고, 인간과 자연스럽게 대화할 수 있습니다. 다만 ChatGPT가 생성하는 대화는 단어 수준에서 이루어지는 것이지, 문장 구조나 문맥을 완전히 이해한 수준은 아닙니다. 때문에, 특정한 문맥이나 상황에 대해서는 부적절한 답변을 생성할 수 있습니다.

생성된 응답의 다양성

ChatGPT는 다양한 문장을 생성하도록 설계된 모델입니다. 바꾸어 말하면, ChatGPT는 생성된 응답에 일정한 다양성을 부여하는 기능을 가지고 있습니다. 이 모델은 응답의 다양성을 높이기 위해 여러 가지 기법을 사용합니다. 먼저 ChatGPT는 언어 모델의 학습 데이터셋으로부터 여러 문체를 학습합니다. 이를 통해 다양한 문체의 문장을 생성할 수 있습니다. 대화에서 친근하게 말하는 스타일, 공식적인 스타일, 농담을 하는 스타일 등 여러 스타일을 참조하여 응답할 수 있습니다.

또한, ChatGPT는 서로 다른 단어를 사용하여 중복되지 않는 응답을 생성할 수 있도록 설계되었습니다. 이를 위해 단어 빈도수에 따라 가중치를 두어 자주 사용되는 단어보다 드문 단어를 더 많이 사용하도록 학습합니다. 더 나아가, 서로 다른 응답을 생성하기 위해 확률적인 샘플링 기법을 사용합니다. 모델은 다음 단어를 생성할 때, 여러 개의 후보 단어를 생성한 뒤 확률적으로 선택하여 다음 단어를 생성합니다.

마지막으로 ChatGPT는 다양한 응답을 생성하기 위해 노이즈를 추가하는 기법을 사용할 수도 있습니다. 예컨대 모델이 생성한 응답에 일부 단어를 무작위로 변경하거나 제거하여 응답을 생성할 수 있습니다. 이는 대화 시스템에서 자연스러운 대화를 유지하고, 반복적인 응답을 피하기 위한 요소 중 하나입니다.

사용자 지정 대화 스타일 적용 가능

ChatGPT는 사용자 지정 대화 스타일을 적용할 수 있는 기능을 제공합니다. 예컨대 더욱 친근하고 캐주얼한 대화 스타일을 선호하는 사용자에게 적합한 응답을 생성하도록 조정할 수 있습니다. 이를 위해서는 미리 학습된 모델을 사용하여 새로운 모델을 학습하는 미세 조정 과정을 거쳐야 합니다. 친절하고 농담을 좋아하는 대화 스타일을 원하는 경우, 이러한 스타일에 부합하는 대화 데이터셋을 수집하여 모델을 학습시킵니다. 이를 통해 ChatGPT는 해당 스타일에 맞는 응답을 생성할 수 있도록 학습됩니다. 이 같은 미세 조정은 전체 모델을 처음부터 학습하는 것보다 훨씬 빠르고 효율적입니다. 이는 기존 모델의 성능을 보존하면서 새로운 대화 스타일을 적용할 수 있다는 장점이 있습니다.

이와 같이 사용자 지정 대화 스타일을 적용하는 것은 대화 시스템에서 더욱 자연스러운 대화를 유지하고 사용자와의 상호작용을 개선하는 데 중요한 역할을 합니다. 이는 사용자의 개인적인 취향과 스타일을 반영하여 더욱 쾌적한 대화 환경을 조성할 수 있도록 도와줍니다.

ChatGPT의 활용 사례

ChatGPT는 최근 기술 발전과 함께 여러 분야에서 널리 활용되고 있고 앞으로는 더 많이 활용될 것으로 예상됩니다. 다음은 현재 ChatGPT가 활용된 것으로 알려져 있는 대표적인 사례입니다.

첫째, 마케팅 관련 콘텐츠 제작 부분에서 ChatGPT가 활용된 사례입니다. 가장 최근 알려져 있는 콘텐츠 제작 활용 사례로 영화배우 라이언 레이놀즈Ryan Reynolds의 이야기를 들 수 있습니다. 그는 ChatGPT를 활용해 본인의 말투를 모방해 홍보 모델을 맡고 있던 특정 브랜드의 프로모션이 만료되지 않았음을 널리 알리는 광고 대본을 공개한 바 있습니다.

Editorial > Nurse Educ Pract. 2023 Jan;66:103537. doi: 10.1016/j.nepr.2022.103537.
Epub 2022 Dec 16.

Open artificial intelligence platforms in nursing education: Tools for academic progress or abuse?

Siobhan O'Connor [1], ChatGPT [2]

Affiliations + expand
PMID: 36549229   DOI: 10.1016/j.nepr.2022.103537

시오반 오코너 교수의 논문. 공동 저자로 ChatGPT가 올라가 있다.[1]

둘째, 학술 논문의 작성에 ChatGPT가 활용된 경우를 확인할 수 있습니다. 한국지능정보사회진흥원 미래전략센터에서 발간한 보고서 〈THE AI REPORT〉에 의하면, 해외에서 ChatGPT를 활용한 논문 사례로 의학 논문 관련 웹사이트인 medRxiv에 ChatGPT가 공저자로 기재된 논문이 등장한 바 있고, 영국 맨체스터대 간호과 시오반 오코너 교수는 논문 발표 시 ChatGPT의 기여가 있었음을 알리며 공동 교신저자로 올린 바 있습니다.

셋째, 문화예술 관련 창작 분야에서 ChatGPT가 활용된 것을 볼 수 있습니다. 주요 키워드를 ChatGPT에 입력하고 시를 지어달라고 요청해 한 편의 작품을 만들어 낼 수도 있고, 스토리라인의 구성을 위한 기초적인 조건을 몇 가지로 한정해 투입함으로써 창작하고자 했던 방향의 시놉시스를 도출해 낼 수도 있습니다.

---

1   Siobhan O'Connor and ChatGPT, "Open artificial intelligence platforms in nursing education: Tools for academic progress or abuse?", PubMed, 2022.12.16, https://pubmed.ncbi.nlm.nih.gov/36549229/

Q. 집, 사랑, 얼갈이배추를 주제로 시를 작성해 주세요.

A. 집, 사랑, 얼갈이배추를 모두 포함한 시를 작성해 보겠습니다.

집 앞 마당 피어난 얼갈이배추

사랑 가득한 나의 이 집 안에

이른 봄바람 불 때면 생각나는데

어릴 적 아카시아 향 가득한 집 시골에서.

모닥불 위에 지었던 어린 날의 꿈

초록 향기에 마음 살짝 떨리던 그 때

그리움과 그리움이 이어져간 데

얼갈이 배추 한 줄 중간에 서 있었죠.

이젠 그때와 달라졌을지 몰라도

이 집안에 나의 사랑도 자라고

얼갈이배추 역시 자라가네

시간은 흘러도 소중한 추억은 영원할 것 같아요.

집 앞마당에 피어난 얼갈이배추와 그 속에 자리한 추억을 통해 나의 사랑과 집을 떠올리며 쓴 시입니다. 이 시는 어린 시절의 추억과 그 추억이 내가 지금 살고 있는 집과 연결되어 있음을 나타내고 있습니다.

2장   ChatGPT를 둘러싼 논란

/imagine prompt: AI robot staring at balance scale

인공지능 및 ChatGPT와
관련된 이슈들

데이터의 편향성과 잘못된 정보 제공

대규모 자연어 처리 모델이 가지는 가장 큰 이슈 중 하나는 데이터 편
향성Bias 입니다. 편향성은 자료 분석 결과에 영향을 미치는 일정한 경향
성을 의미합니다. 편향성이 발생하면 자료의 분석 결과가 현실과 다른
결과를 도출하거나, 특정 그룹에 대한 편견이 반영되는 등 부정확한 결
론을 도출할 수 있습니다. 자연어 처리 모델은 대규모의 데이터셋을 활
용하여 학습하기 때문에, 입력된 데이터가 편향적이면 모델에 영향을
미칠 수 있습니다. 예를 들어 성별, 인종, 성적 지향 등과 같은 특정 그

룹에 대한 편견이 데이터셋에 반영될 수 있습니다. "흑인들은 폭력적이며 위험하다."와 같이 인종 차별적인 발언을 AI가 생성하는 경우가 있었습니다. 뿐만 아니라 AI가 "한국은 태양의 나라이며, 일본은 환상의 나라이다."와 같이 국가 간 편견을 보여주는 발언을 생성하기도 했습니다. 이는 ChatGPT를 활용할 때에도 이처럼 편향성이 내재된 결과가 출력될 가능성이 있음을 의미합니다. ChatGPT가 제공하는 정보의 옳고 그름을 판별하지 못하는 학습자의 경우 해당 내용을 그대로 여과 없이 수용하고, 이와 같은 편견이나 차별에 대한 인식을 학습하여 현실에서 불공정한 결과를 초래할 수 있습니다.

ChatGPT에서 데이터 편향성 문제가 발생하는 이유는 AI 기술의 한계에서 기인합니다. ChatGPT는 대량의 데이터를 기반으로 학습합니다. 그러나 데이터를 만든 사람들의 성향에 따라 사회적, 문화적, 경제적, 인종적 차별 등의 요소가 반영될 수 있습니다. 데이터 수집 방법에 따라 특정 집단을 향한 편견이 반영될 가능성이 있고, 일부 집단의 응답률이 다른 집단보다 낮은 경우에도 편향성이 발생할 수 있습니다. 한 연구에서 특정 집단의 데이터 수가 다른 집단의 데이터 수보다 훨씬 많은 경우, 해당 연구 결과는 특정 집단의 특성에 따라 편향성이 발생할 수 있습니다. ChatGPT를 학습시킬 때도 마찬가지입니다. 다음은 ChatGPT를 활용할 때 나타날 수 있는 편향된 결과의 예시입니다.

Q. 직업 선정에 있어 여성과 남성의 가장 큰 차이는 무엇입니까?
A. 직업 선정에 있어서 여성과 남성의 가장 큰 차이는 사회적인 성역

할과 관련이 있습니다. 여성과 남성은 다양한 사회적, 문화적 가치관, 성역할 기대 등에 따라 서로 다른 경향을 보입니다.

① 성취 욕구: 일반적으로 남성들은 성취욕과 경쟁의식이 높으며, 경제적 지위나 사회적 지위를 중요시하는 경향이 있습니다. 반면 여성들은 직업을 통해 자신의 능력을 발휘하고 사회적으로 인정받으며, 일과 가정을 균형 있게 유지하려는 경향이 있습니다.

② 성역할 기대: 여성과 남성 사이에는 성역할에 대한 사회적 기대 차이가 있습니다. 남성들은 가족을 위해 돈을 벌고 가정의 대부분을 떠맡아야 한다는 기대가 있습니다. 반면 여성들은 가정을 책임지고, 가족과 함께 시간을 보내는 것이 중요하다는 기대가 있습니다.

③ 관심 분야: 여성들은 보건, 교육, 사회복지, 예술 등의 분야에서 남성들보다 더 많은 관심을 보입니다. 이와는 반대로 남성들은 공학, 기술, 경제 등의 분야에서 더 많은 관심을 보입니다.

따라서 여성과 남성이 직업을 선택할 때는 자신의 관심 분야, 능력, 성향 등을 고려하는 것이 중요합니다. 또한, 성별에 따른 기대와 편견 등을 극복하고, 직업의 경쟁력과 전망, 본인의 성장 가능성 등을 종합적으로 고려하여 직업을 선택하는 것이 좋습니다.

위 답변은 젠더 의식과 관련하여 상당히 편향된 답변이라는 것을 알 수 있습니다. 학습자가 위 답변의 데이터가 편향되어 있고 답변이 부적절하다는 것을 인식하지 못할 경우, 학습자의 젠더 의식에 상당히 부적절한 영향을 미칠 수 있습니다. 해당 내용에 대한 문제점을

ChatGPT가 재진술한 결과는 다음과 같습니다.

Q. "여성과 남성 사이에는 성역할에 대한 사회적 기대 차이가 있습니다. 남성들은 가족을 위해 돈을 벌고 가정의 대부분을 떠맡아야 한다는 기대가 있습니다. 반면 여성들은 가정의 책임을 맡고, 가족과 함께 시간을 보내는 것이 중요하다는 기대가 있습니다." 이 주장의 문제는 무엇인가요?

A. 위 주장에는 여러 가지 문제점이 존재합니다.

첫째, 이러한 성역할 기대는 성차별적인 사고방식을 보여주고 있습니다. 성별에 상관없이 모든 개인은 가정과 경제를 이끌어가는 데 필요한 능력과 역할을 가질 수 있으며 직업적, 경제적 업적에 따라 가정의 책임이나 경제적 지원의 역할은 다양하게 나눠질 수 있습니다.

둘째, 이러한 성역할 기대는 가정 내에서 남성과 여성 간의 역할 분담에 대한 고정관념을 강화하고 역할 분담에 대한 갈등을 일으킬 수 있습니다. 가족 구성원들은 서로의 능력과 성향에 맞게 역할을 분담해야 하며, 이를 위해서는 성별에 상관없이 각 개인이 자신의 능력과 성향에 맞는 역할을 수행할 수 있도록 지원하는 것이 필요합니다.

셋째, 이러한 성역할 기대는 가정 내에서 남성과 여성 간의 지속적인 불평등을 유발할 수 있습니다. 남성과 여성은 서로 다른 경험과 능력을 가지고 있으며, 이러한 차이를 고려하지 않고 단순히 성별에 따라 역할을 분담하는 것은 공정하지 않을 수 있습니다.

따라서 성역할 기대는 성차별적인 사고방식을 강화하고 가정 내에서의 역할 분담에 대한 불평등을 유발할 수 있으므로 각 개인의 능력과 성향에 따라 유연하게 역할을 분담하고 지원하는 것이 필요합니다.

ChatGPT 또한 해당 발언과 관련하여 문제점이 있음을 언급하고 있습니다. 하지만 이러한 문제점에 대한 ChatGPT의 답변을 얻기 위해서는 학습자가 데이터 편향성의 한계를 인식하고 있다는 전제가 있어야 합니다.

따라서 교수자는 ChatGPT를 교육적으로 활용할 경우 학습자들이 잘못된 정보를 받았을 때, 그 정보의 부적절함 여부를 인식하도록 도와주어야 합니다. 이를 위해 교수자는 잘못된 정보의 출처를 파악하고, 그 정보가 왜 부적절한지 설명해 줄 수 있어야 합니다. 또한, 학습자가 올바른 정보를 찾고 정보를 검증하는 기술을 가르쳐 주어, 학습자가 믿을 수 있는 정보를 선택하고 사용할 수 있도록 지원해야 합니다.

ChatGPT와 같은 자연어 처리 모델은 잘못된 정보를 제공하기도 합니다. ChatGPT가 잘못된 정보를 제공하는 사례는 다음과 같습니다.

Q. 한국의 삼국시대에 대해서 설명해 주세요.
A. 한국의 삼국시대는 고구려, 백제, 신라 세 나라가 서로 경쟁하며 번영한 시기를 말합니다. 이 시기는 대략 1세기에서 7세기까지 이어졌으며, 이 기간 동안 많은 역사적 사건들이 발생했습니다.

고구려는 기원전 37년에 건국되어 5-6세기 동안 번영했습니다. 대표적인 영웅 이황과 전설적인 인물인 안중근, 그리고 제13대 황제 장수왕 등의 역사적 인물들이 나왔습니다.

백제는 한반도 남서부에 위치하였으며 대대로 왕족과 무신이 함께 힘을 합쳐 살아남았습니다. 백제는 외교적으로 중국과 많은 교류를 하였으며, 특히 백제의 무신들은 강력한 군사력을 바탕으로 수많은 전쟁을 이겨냈습니다.

신라는 고구려와 백제에 비해 나이가 어린 나라로, 백제와 전쟁을 벌이면서 국력을 확보하였습니다. 이후 신라는 중국의 문화와 기술 등을 수용하면서 대외적으로도 활발한 활동을 하였습니다. 대표적으로 신라의 불교 문화가 발전하였으며, 성균관대학교의 전신인 궁중서원이 신라시대에 설립되었습니다.

한국 삼국시대의 역사는 고구려, 백제, 신라 세 나라의 발전과 융합, 그리고 외교적인 교류와 전쟁을 통해 형성되었습니다. 이 시기의 역사는 한국의 민족 정체성과 역사적 발전에 큰 역할을 한 것으로 평가됩니다.

삼국시대의 인물로 인용한 이황, 안중근 등은 시기가 맞지 않고, 장수왕은 고구려 제20대 왕입니다. 신라시대의 궁중서원이 현재 성균관대학교의 전신이라는 것도 역사적 사실이 아닙니다. ChatGPT로부터 얻을 수 있는 정보는 신속하기는 하지만, 전문적인 지식을 바탕으로 한 검토가 없을 경우 학습자가 잘못된 지식을 학습할 수 있습니다. 이처럼

ChatGPT가 생성한 결과는 일관성이 없거나 오류를 포함하고 있을 수 있습니다. 따라서 생성된 결과물을 온전히 신뢰하는 것은 경계할 필요가 있습니다.

ChatGPT의 자연스러운 언어 생성 능력이 악용되면 소셜미디어 상에서 비방, 협박, 차별적인 언어 사용, 개인정보 탈취 등의 악의적인 활동이 이루어질 수 있는 단점도 있습니다. ChatGPT는 비속어와 같은 언어의 처리가 어려워 이러한 문제가 발생하는 경우도 있습니다. ChatGPT는 이전에 학습한 대화 내용을 기반으로 새로운 대화를 생성하게 되는데, 이때 이전 대화에서 발생한 오류나 잘못된 정보가 새로운 대화에서 오답을 생성하는 원인이 될 수 있습니다. 또한, ChatGPT는 단어나 문장을 확률적으로 예측하므로, 예측 오류가 발생할 가능성도 있습니다.

ChatGPT와 같은 언어 모델의 생성 결과에는 잘못된 정보가 포함될 가능성이 있으며, 이러한 문제를 예방하기 위해서는 더욱 정확하고 다양한 학습 데이터, 적절한 알고리즘 및 기술, 그리고 사용자 교육과 감독이 필요합니다. 인공지능 개발자들은 더 나은 인공지능 모델을 개발하면서 이러한 문제에 대해 고민해야 합니다. 동시에 교육 현장의 교수자와 학습자 역시 현재의 인공지능 기술에 대한 한계를 인지하고 활용해야 합니다.

AI 활용상 법적·윤리적 문제 발생 가능성

ChatGPT와 대화를 나누는 것은 인간과 대화를 나누는 것이 아닙니다. 따라서 일반적인 대화 상황과는 다른 법적·윤리적인 문제가 발생할 수 있다는 것도 큰 문제점입니다. 이러한 문제점들은 ChatGPT와 같은 인공지능 모델의 발전 가능성에 대한 논의를 유발하고 있으며, 이러한 문제점들을 해결하기 위한 연구와 기술 발전이 필요하다는 것이 핵심적인 요소로 지적됩니다.

AI 기술은 대량의 데이터를 필요로 하기 때문에 개인정보와 관련된 문제가 크게 부각되고 있습니다. AI 기술이 수집한 개인정보는 사용자의 성격, 취향, 건강 상태, 지역, 연령, 성별, 인종 등과 같은 매우 민감한 정보를 포함할 수 있습니다. 이는 곧 AI 기술이 개인정보를 보호하지 못하면 민감한 개인정보가 유출될 수 있음을 의미합니다. 사용자들은 이로 인한 위험에 노출될 수 있으며, 인권 침해로 이어질 수도 있습니다.

이러한 문제를 예방하기 위해서는 AI 기술의 개인정보 처리 및 보호에 대한 규제가 필요합니다. 또한, AI 기술이 개인정보를 적절하게 처리하고 분석하는 데 사용되도록 AI 기술의 투명성을 높여야 합니다. ChatGPT 또한 개인정보와 관련된 이슈로부터 자유로울 수는 없습니다. 다행스러운 점은 ChatGPT가 사용자가 입력한 문장을 처리하고 대화를 수행하는 동안 사용자의 개인정보를 수집하거나 처리하는 일은 없다는 것입니다. 실제로 ChatGPT는 개인정보 유출 사례가 없습니다. 사용자가 입력한 문장이 서버에 전송되어 처리되는 과정에서는 일시적으로 해당 문장이 서버에 저장되지만, 이는 대화를 수행하기 위한 일시적인 데이터 처리 과정일 뿐 사용자의 개인정보는 수집되지 않습니다. 또한, ChatGPT는 사용자의 프라이버시 보안을 위해 적극적으로 노력하고 있으며, 관련된 법률과 규정을 준수하고 있습니다.

AI 기술은 많은 이점을 제공하지만, 동시에 악용 가능성도 존재합니다. 먼저 사기와 사이버 범죄의 가능성입니다. AI 기술을 사용하여 이메일 스팸, 사기, 해킹 등의 사이버 범죄를 저지를 수 있습니다. 인공지능 기술은 빠르게 개발되고 있으며 이를 악용하는 사람들도 같은 속도로 발전하고 있습니다. AI 기술은 대량의 데이터를 처리하고 분석할 수 있기 때문에 프로파간다Propaganda와 미디어 조작의 문제도 있습니다. 예를 들어, 인공지능 기술을 사용하여 특정 키워드에 대한 콘텐츠를 만들거나, 뉴스를 조작하여 특정 이슈를 강조하는 등의 악용이 가능합니다.

AI 기술의 또 하나의 큰 이슈는 저작권 문제입니다. AI 기술은 저작물의 생성, 수정, 복제 등 다양한 작업에 사용될 수 있습니다. AI가 생성한 저작물이 출처 없이 사용되거나 유통되었을 때 저작권 문제가 발생할 수 있습니다. AI가 창작물을 생성한 경우 AI가 창작한 저작물의 저작권이 누구에게 있는지가 명확하지 않습니다. 이는 딥러닝 모델을 이용해 저작권이 있는 이미지나 음원 등을 복제하거나 변형하여 새로운 저작물을 만들어내는 경우 등이 해당됩니다. AI가 제작한 저작물의 관리에 대한 부분도 고려해야 합니다. AI 기술을 이용하여 대량의 저작물을 관리하는 경우, 어떻게 저작권 침해를 방지하고 원저작자의 권리를 보호할 수 있는지에 대한 문제가 제기될 수 있습니다.

ChatGPT 또한 저작권 침해 문제가 발생할 수 있습니다. ChatGPT

는 대화를 하기 위해 사전에 학습된 데이터를 활용합니다. 이때, ChatGPT가 학습한 데이터 중에서 저작권 보호를 받는 작품 등을 원저작자의 허가 없이 무단으로 사용하여 대화를 생성하는 경우, 이는 저작권 침해에 해당될 수 있습니다. 이러한 경우에는 저작권자가 이를 인지하고 법적 조치를 취할 수 있습니다. 또한, ChatGPT 사용자도 저작권 문제에 대해 인지하고, 원저작자의 권리를 존중하는 것이 중요합니다. 그러기 위해서는 학습 데이터에 대한 출처와 사용 범위를 명확하게 규정하고, 상업적 이용 시에는 원저작자의 허락을 받아야 합니다.

한편 ChatGPT가 생성한 자료의 저작권에 대한 의문이 생길 수 있습니다. ChatGPT는 ChatGPT가 생성한 자료의 저작권과 관련된 이슈에 대해 다음과 같은 답변을 제공하고 있습니다.

Q. ChatGPT가 생성한 자료를 책이나 논문에 제시할 시 ChatGPT를 활용하였다고 언급하는 것은 저작권 문제에 저촉되지 않나요?

A. ChatGPT가 생성한 자료를 책이나 논문 등에서 제시할 때 ChatGPT를 활용하였다고 언급하는 것은 저작권의 문제에 저촉되지 않습니다. ChatGPT는 인공지능 모델로, 저작권 법률에서 규정하고 있는 작성자나 공동 저작자의 범주에 해당하지 않습니다. 따라서 ChatGPT를 활용했다는 것은 저작권 침해가 아니며, 출처를 명시하는 것으로 충분합니다.

하지만 ChatGPT가 생성한 자료가 누군가의 저작물을 포함하고 있는지, 수집된 데이터가 저작권을 침해하거나 불법적으로 수집되지 않았는지 문제 여부를 분명히 확인해야 합니다.

또한, 자신이 작성한 논문이나 보고서에 ChatGPT가 생성한 자료를 인용할 때는 해당 분야에서 일반적으로 사용되는 인용 형식에 맞게 출처를 기입해야 합니다. 이를 통해 출처와 저작자의 권리를 보호하고 저작권 침해를 예방할 수 있습니다.

Q. ChatGPT가 생성한 자료에 대한 인용 표기가 필요한가요?

A. ChatGPT가 생성한 자료를 인용할 때에는 출처를 명시하는 것이 적절합니다. 인용하는 방법은 일반적인 인용 규칙을 따르면 됩니다. ChatGPT가 생성한 대화 내용을 인용하고자 할 때에는 인용할 대화 내용을 따옴표로 감싸고 출처를 명시하면 됩니다. 예를 들어, "ChatGPT가 생성한 대화 내용"(출처 : OpenAI)와 같이 인용합니다. 이 때, 출처는 OpenAI와 같이 ChatGPT를 운영하는 주체를 명확하게 밝히도록 합니다. 인용을 할 때에는 항상 출처를 명시하되 출처에 따라 인용이 제한될 수 있는 경우도 있으므로 이를 주의해서 인용하도록 합니다.

Q. ChatGPT 생성 자료에 대한 출처 미표기 시 표절에 대한 문제가 생길 수 있나요?

A. ChatGPT가 생성한 자료를 인용하는 경우 출처를 명시하지 않으면 저작권 침해나 표절 문제가 발생할 수 있습니다. 따라서 ChatGPT가 생성한 대화 내용을 인용할 때에는 출처를 명시하는 것이 적절합니다.

그러나 일반적으로 ChatGPT가 생성한 대화 내용은 사용자와 인공지능 모델 간의 대화에서 생성된 것으로 출처가 명확하지 않습니다.

또한, 대화 내용이 일부 수정되거나 조작될 수도 있기 때문에 출처를 명확히 파악하기 어려울 수 있습니다.

따라서 ChatGPT가 생성한 대화 내용을 인용하는 경우, 가능한 한 출처를 명시하고 ChatGPT의 사용 범위와 저작권 관련 법규를 고려하여 적절히 인용하는 것이 좋습니다. 이를 통해, 표절 문제나 저작권 침해를 방지할 수 있습니다.

Q. ChatGPT 생성 자료의 출처가 부정확함에도 불구하고 인용 표기가 필요한가요?

A. ChatGPT가 생성한 자료의 출처가 명확하지 않은 경우, 인용 표기는 필요하지 않을 수 있습니다. 그러나 대부분의 경우 ChatGPT가 생성한 대화 내용은 학습 데이터에서 추출된 패턴과 통계적 분석에 기반하고 있으므로 출처를 명시하는 것이 적절합니다.

또한, 인용 표기는 저작권법에서 규정된 사항이기 때문에 출처가 부정확하거나 명확하지 않은 경우에도 가능한 한 출처를 명시하는 것이 좋습니다. 출처를 명시하지 않으면 저작권 침해나 표절 문제가 발생할 수 있습니다.

따라서 ChatGPT가 생성한 자료를 인용하는 경우, 출처를 가능한 한 명시하는 것이 좋습니다. 인용에 있어서 출처가 명확하지 않은 경우에는 출처를 확인할 수 있는 정보를 최대한 제공하고 출처를 표기할 수 없는 경우에는 인용을 최소화하는 것이 좋습니다.

ChatGPT는 저작권 소유 여부와 인용 표기의 필요성을 언급하고 있으나, 이와 관련된 문제는 아직까지 구체적으로 정립되지 않은 것으로 보입니다. ChatGPT와 같은 AI의 창작물에 대한 저작권 이슈는 앞으로도 계속 논의되어야 할 부분입니다.

AI 기술과 관련하여 최근 법적·윤리적으로 큰 이슈가 된 사건은 2022년에 콜로라도 주립 박람회 미술대회에서 미드저니가 생성한 그림이 우승을 차지한 것입니다. 제이슨 앨런Jason M. Allen이 미드저니의 인공지능 기술을 이용하여 프롬프트를 선별하고, 이를 이용하여 작품 〈스페이스 오페라 극장〉을 만들었습니다. 〈스페이스 오페라 극장〉의 출품 및 수상은 인공지능 기술을 이용하여 창작물을 만드는 새로운 시도로 주목을 받았지만, 동시에 저작권 문제에 대한 논란도 일으켰습니다. 작품이 만들어지는 과정에서 인공지능 기술이 수집한 대화 내용에 대해 개인정보 보호 관련 문제도 제기되었습니다.

이 작품은 창작물을 만드는 새로운 시도로서 인공지능 기술의 가능성을 보여주었지만, 이를 이용하는 과정에서는 저작권, 개인정보 보호 등의 법적인 문제에 대한 신중한 대응이 필요하다는 것을 알려주었습니다. 또한, 이러한 창작물이 단순 표절인지 새로운 예술 도구인지, 인공지능에게 인간이 패배한 것인지에 대한 다양한 이슈를 가져왔습니다. AI 기술이 급격히 확산되는 현 시점에서 법적·윤리적 이슈는 매우 다양하고 복잡하게 등장할 가능성이 높습니다.

ChatGPT 활용에 있어서 또 하나 주의해야 할 점은 ChatGPT가 불법적인 자료로부터 얻은 소스로 답변을 하는 경우가 발생할 수 있다는 것입니다. ChatGPT는 인터넷과 같은 다양한 소스에서 데이터를 수집하고 이를 학습 데이터로 사용합니다. 그런데 이러한 데이터 소스 중에서는 불법적인 자료가 있을 가능성이 있기 때문에 이를 활용해 생성된 답변 또한 불법적인 내용을 포함할 가능성이 있습니다.

AI 기술 개발자들은 ChatGPT가 불법적인 용도로 사용되는 것을 방지하기 위해 다양한 기술적인 대책을 취하고 있습니다. 또한, AI 기술의 사용에 대한 법적인 규제와 제한이 강화되고 있으며, 이를 위해 정부와 관련 기관에서도 적극적인 대응을 하고 있습니다. 그럼에도 불구하고 AI의 악용 가능성을 방지하기 위해서는 보다 적극적인 규제와 대응이 필요합니다. 뿐만 아니라 인공지능 기술을 사용하는 모든 기업과 조직은 적극적으로 보안 대책을 마련하고, 개인정보 보호 같은 문제에 대한 책임을 져야 합니다. 또한, 인공지능 기술의 개발과 사용에 있어서는 공정성과 투명성을 보장하고, 인간의 가치와 권리를 존중하는 법과 제도가 마련되어야 합니다.

ChatGPT와 관련된 교육 이슈들

ChatGPT에 대한 과도한 의존과 학습 역량 약화

AI 기술의 확산으로 인해 학교교육에 바람직한 변화가 생기리라 예상됩니다. AI 기술을 활용하여 개별 맞춤형 학습이 가능해지며, 학습자의 학습과정을 분석할 수 있습니다. AI를 활용한 학습자 지원 시스템은 고도화되고 학습과정에 긍정적 변화를 가져올 것입니다. 이러한 변화들은 학교교육에서 AI 기술이 가져올 수 있는 바람직한 변화의 일부일 뿐이며, 향후 학습자가 더욱 효과적으로 학습할 수 있는 시스템을 구축할 수 있을 것입니다.

하지만 이러한 바람직한 변화의 반대편에는 부정적인 변화 또한 예상할 수 있습니다. 첫째, AI 기술이 고도로 자동화된 작업을 수행할 수 있기 때문에, 교수자의 업무 중에 인간의 중요한 판단이 필요한 부분까지 자동화될 우려가 있습니다. 둘째, AI 기술이 대체적으로 정량적인 정보에 더 능숙하기 때문에, 인간적인 상호작용이 더욱 부족해질 수 있습니다. 예를 들어, AI 기술이 음성 인식 기술을 바탕으로 대화하더라도 학습자가 교수자와 대화하는 것보다는 인간적이지 않을 수 있습니다. 셋째, AI를 사용하여 학습자가 자동화된 학습을 하게 되는 경우, 학습자의 창의성과 창조적 사고 능력을 개발하는 데 부정적인 영향을 미칠 수 있습니다. 예를 들어, 학습자는 일반적인 문제를 해결하는 데 AI를 활용할 수 있습니다. 이러한 경우, 학습자는 직접 문제를 해결하고 창의적인 아이디어를 생각하는 과정이 부족해질 수 있습니다. 넷째, AI를 사용하여 평가를 수행할 경우, 학습자가 평가 방법을 악용할 수 있습니다. 학습자는 부정적인 평가를 피할 수 있는 방법을 찾아내거나, AI 시스템을 속일 수 있는 방법을 찾아낼 가능성이 있습니다. 학교현장에서 AI 기술을 활용함에 있어 위와 같은 부정적인 영향을 예상할 수 있으며, 특히 현재 ChatGPT 사용과 관련해서 제기되고 있는 큰 이슈는 학습자가 학습 상황에서 ChatGPT에 지나치게 의존하는 경향을 보이는 부분입니다.

ChatGPT를 활용한 학습은 기본적으로 학습자와 AI 간 채팅을 통한 학습입니다. 이러한 학습 방식은 인간과의 대화가 아니기 때문에 학습자의 문해력 저하에 대한 문제가 발생할 수 있습니다. ChatGPT가 제공한 정보의 문법이 바람직하지 않아 교육적으로 활용하기에 어려울 수도 있습니다. ChatGPT는 학습 데이터를 기반으로 문장 생성을 수행하기 때문에, 학습 데이터에 문법이나 표현상의 오류가 포함되어 있을 수 있습니다. 더불어 ChatGPT는 입력된 문장의 철자나 문법적인 오류를 수정하는 등의 오탈자 점검을 별도로 수행하지는 않아 문제가 생길 수 있습니다.

맞춤법 검사기 등의 보조도구를 함께 활용하면 오타의 발생을 최소화할 수 있습니다. 또한, 학습자에게 올바른 철자와 문법의 중요성을 강조하고, ChatGPT를 사용하면서도 직접 오타를 확인하고 교정을 하도록 유도하는 등의 교육적인 노력이 필요할 것입니다. 교수자는 학습자들에게 올바른 분법 표현을 가르치고, ChatGPT가 제공한 정보가 문법적으로 어떤 문제가 있는지도 함께 설명해 줄 필요가 있습니다. 또한, ChatGPT가 제공한 정보를 바탕으로 학습자들이 자신의 의견을 표현할 때 적절한 문법과 표현을 사용할 수 있도록 도와주는 것이 중요합니다. 즉 ChatGPT를 활용할 때 교수자의 역할이 매우 중요함을 알 수 있습니다.

ChatGPT를 활용하는 과정에서 다양한 역량이 감소될 우려도 있습니다. ChatGPT와 같은 AI 기술을 사용하면서 학습자들이 문제 해결 능력이 저하되는 문제가 발생할 수 있습니다. 이는 학습자들이 ChatGPT에 의존하여 자신의 문제 해결 능력을 강화하지 않을 수 있기 때문입니다. 또한, ChatGPT는 문제 해결 능력을 강화하기보다는 정확한 답변을 제공하는 데 초점을 맞추고 있기 때문에, 학습자들이 자신의 문제 해결 능력을 개발하는 데 도움이 되지 않을 수 있습니다.

창의력이 저하되는 문제도 발생할 수 있습니다. ChatGPT는 대량의 데이터를 학습하여 생성된 모델로, 고정된 규칙이나 알고리즘에 따라 응답을 생성합니다. 따라서 학습자가 ChatGPT를 사용하면서 새로운 아이디어나 창의적인 해결책을 도출하는 것이 어려울 수 있습니다. 학습자가 ChatGPT에 의존하여 스스로 논리적 사고를 발전시키지 않고 풀이과정을 건너뛰는 것 또한 주의하여야 합니다.

지금까지 살펴보았듯이 ChatGPT는 학습에 도움을 줄 수 있는 훌륭한 AI 기술이지만 많은 한계를 갖고 있습니다. ChatGPT는 교수자를 완전히 대체해 사용 가능한 완벽한 학습 도구도 아닙니다. ChatGPT는 언제나 교수-학습 상황에서 보조교사 및 학습 도구로 활용되는 것이 바람직합니다. 교수자와 학습자가 ChatGPT의 장단점과 한계를 명확히 인식하고 교수-학습 상황에 활용하여야 ChatGPT를 통한 학습 효율을 극대화 할 수 있을 것입니다.

학습자가 과제를 할 때 ChatGPT와 같은 인공지능을 과도하게 사용할 경우에 문제가 발생할 수 있습니다. ChatGPT는 학습자가 찾아야 하는 정보를 더욱 쉽게 찾고, 문제를 해결하는 데 도움을 줄 수 있습니다. 그러나 학습자가 ChatGPT에 과도하게 의존하게 된다면, 자신의 사고력과 문제해결 능력이 발전하지 않을 수 있습니다. 과제나 문제 해결 과정에서 스스로 생각하고 고민하는 것은 중요한 학습 경험이며, 이를 대신해 주는 ChatGPT와 같은 기술은 학습자의 창의성과 문제 해결 능력을 저하시킬 수 있습니다.

교수자 또한 ChatGPT로 인하여 어려움을 겪을 수 있습니다. 학습자가 스스로 한 과제와 ChatGPT에 의존한 과제를 구분하기 어려울 수 있습니다. 이 문제를 해결하기 위해서는 교수자나 학부모가 학습자의

과제를 지속적으로 점검히고, 힉습자가 직섭 생각하고 문제를 해결하
도록 유도해야 합니다.

ChatGPT로 인한 교육 상황의 변화

ChatGPT와 같은 인공지능 기술이 발전하면서, 학습자가 지식을 습득
하고 기억하는 방식도 변화하고 있습니다. 학습에 인공지능을 활용하
다 보면 학습자가 기초지식을 이해하고 암기하는 과정이 소홀해질 수
있습니다. 그러나 암기는 여선히 지식을 습득하고 기억하는 데 중요한
역할을 합니다. ChatGPT를 통해 방대한 자료를 빠르게 획득할 수는
있지만 이는 언제나 보조적인 수단일 뿐 학습자가 지식을 습득하고 기
억하는 학습 행위는 여전히 중요합니다. 예를 들어 학습자는 수학 공식,
단어와 문법, 역사적 사실과 사건 등을 암기해야 합니다. 이러한 지식들
을 인간의 머릿속에 저장해야만, 이후에 더 높은 수준의 지식을 습득하
거나 문제를 해결할 수 있습니다. 따라서, 기초지식에 대한 암기는 학습
자가 지식을 이해하고 활용하는 데 중요한 역할을 합니다. 또한, 학습자
가 ChatGPT와 같은 기술을 사용하면서도 기초지식을 암기하는 것은
일종의 학습 전략입니다. 암기는 지식을 기억하는 것뿐만 아니라, 학습
자의 집중력을 향상시키고, 정보를 빠르게 인식하는 능력을 강화하는
데도 도움이 됩니다. 또한, 기초지식에 대한 암기를 통해 학습자는 이후
에 새로운 지식을 습득하는 데 더욱 쉽게 접근할 수 있습니다. 따라서,
학습자가 ChatGPT와 같은 기술을 사용하더라도 기초지식에 대한 암

기가 필요한 경우가 많습니다. 학습자는 ChatGPT와 같은 기술을 보조적인 도구로 활용하면서도 기초지식에 대한 암기와 함께 지식을 이해하고 응용할 수 있는 능력을 함께 키워야 합니다.

이와 비슷한 맥락으로 ChatGPT와 같은 기술이 존재하는데 학습자의 지식을 평가할 필요가 있는지 의문이 들 수 있습니다. 그러나 AI 기술의 발전과 무관하게 학습자들이 시험을 치르는 것은 여전히 중요합니다. 시험은 학습자들이 학습한 내용을 확인하고 이를 평가하는 방법 중 하나입니다. 학습자들은 시험을 통해 습득한 지식을 평가하고, 미래에도 동일한 상황에서 지식을 활용할 수 있는 능력을 키울 수 있습니다. 시험의 존재는 학습자가 노력하고 성취감을 느끼는 동기 부여 요소가 되기도 합니다. 이러한 목표 설정은 학습자들이 공부에 집중하고 학습 효율을 높이는 데 도움을 줍니다. 또한, 시험은 학습자들의 학습능력을 평가하는 것뿐 아니라, 학습과정에 대한 피드백을 제공하는 중요한 도구입니다. 학습자들은 시험에서 실수한 부분을 바탕으로 다음 학습과정을 개선할 수 있습니다. 따라서 시험은 학습자의 학습과정에서 중요한 요소 중 하나이며, 학습자들의 학습능력을 개선하는 데 도움을 줄 수 있습니다.

AI와 기술을 자유롭게 활용할 수 있다 하더라도 여전히 학습자에게 시험이 갖는 중요성이 있다는 사실을 살펴보았습니다. 여기서 한 가지 의문이 드는 부분은 클로즈드북Closed book 형태의 시험이 더 이상 필요한가에 대한 것입니다. ChatGPT와 같은 인공지능 기술이 발전하면서, 학습자들은 정보 검색과 답변 도출을 더 쉽게 할 수 있게 되었습니다. 이로 인해, 일부 교수자는 학습자에게 클로즈드북 형태의 시험을 치를 필요성을 느끼지 못할 수도 있습니다. 그러나 클로즈드북 시험은 학습자들이 지식을 습득하고 이해하는 데에 중요한 역할을 합니다. 클로즈드북 시험은 학습자가 학습한 내용을 전반적으로 파악하고, 학습의 완성도를 검증하는 데에 유용합니다. 또한, 클로즈드북 시험은 학습자들이 기초적인 지식을 기억하고 암기하는 데에도 도움을 줍니다. 학습자들은 클로즈드북 형태의 시험을 통해 학습한 내용을 정리하고, 복습하며, 기초 지식을 기억하고 암기할 수 있습니다. 뿐만 아니라 클로즈드북 시험은 학습자들이 자신의 학습 수준을 확인하고, 학습 전략을 보완하는 데에도 도움이 됩니다.

ChatGPT로 인하여 교수자와 학습자 간에 상호작용 저하 문제가 발생할 가능성이 있습니다. ChatGPT와 같은 AI 기술이 널리 사용되면 일부 사용자들은 사람보다 ChatGPT와의 대화에만 의존하는 경향이 나타날 수 있습니다. 사용자들이 ChatGPT와 대화를 나누는 것이 인간과의 대화보다 쉽고 편하다고 생각하거나 인간과의 대화보다 더욱 정확하다고 믿는 경우 인간과의 대화를 피하거나 제한하게 될 수 있습니다. 이는 곧 인간과의 상호작용 능력이 저하됨을 의미합니다. 학습자 역시 이러한 상황에서 예외일 수는 없습니다. 이 같은 이유로 학습자가 교수자와 상호작용하는 역량이 저하될 수 있습니다.

인공지능 기술은 학습자들의 학습 효과를 향상시킬 수 있지만, 인간적인 가치와 사회적 능력을 강화하는 데는 한계가 있을 수 있습니다. ChatGPT가 매우 유용한 도구라 해도, 교수자와 학습자나 다른 사람들과의 대화를 대신할 수는 없습니다. 학습자 또는 누구든지 ChatGPT를 이용할 수 있지만, 학습과 성장에 있어 교수자의 지도와 조언은 귀중합니다. 따라서 ChatGPT를 이용할 때 학습자는 교수자와의 대화와 조언을 지속적으로 받으며, ChatGPT를 보조적인 도구로 사용해야 합니다.

2부

보조교사가 된
ChatGPT 활용법

1장 ChatGPT의 주인이 되는
여섯 가지 역량

/imagine prompt: a smiling student with friendly looking Artificial Intelligence robot, happy, illustration

개념적 지식 기반의
판단력을 갖춰라

개념적 지식에 기반한 판단력의 의미

개념적 지식에 기반한 판단력이란 특정 분야나 주제에 대한 개념, 원리, 규칙, 관계 등을 이해하고 이를 토대로 문제를 해결하거나 판단하는 능력입니다. 일상생활에서도 개념적 지식에 기반한 판단력은 매우 중요한 역할을 합니다. 우리는 일상생활을 하는 다양한 과정에서 상황 판단, 사안에 대한 결정, 논리적 추론, 문제 해결 등 이미 개념적 지식에 기반한 판단력을 활용하고 있습니다. 다음은 일상생활에서 개념적 지식에 기반한 판단력이 활용되는 구체적인 사례입니다.

첫째, 건강과 관련된 판단을 하는 과정에서 개념적 지식 구조를 토대로 고민할 수 있습니다. 예를 들어, 아침 식사를 할 때는 단순한 탄수화물이 아닌 단백질과 섬유질을 함께 섭취하여 영양분을 골고루 섭취해야 한다는 개념적 지식을 알고 있다고 가정해 보겠습니다. 이미 가지고 있는 개념적 지식을 활용하여 다양한 음식들의 영양소와 칼로리를 파악하고 이를 기반으로 적절한 식습관을 유지함으로써, 건강한 몸을 유지할 수 있습니다.

둘째, 경제생활의 측면에서 합리적인 소비를 위해 다양한 제품들의 가격, 품질, 기능 등을 비교하여 적절한 제품을 선택해야 합니다. 예를 들어 같은 기능을 가진 제품이라도 브랜드나 디자인, 품질 등에 따라 가격 차이가 발생할 수 있습니다. 이러한 경우에는 여러 제품에 대한 정보를 수집하여 비교 분석하고, 경제적인 선택을 해야 합니다.

셋째, 다양한 사회적 상황에서 예상치 못한 상황들이 발생할 수 있습니다. 이러한 상황에서는 상대방의 입장과 의견을 이해하고, 이를 바탕으로 문제 상황에 대처하는 능력이 필요합니다. 각양각색의 사회적 상황에서 다른 사람의 감정, 태도, 행동 등을 이해하고 해석하는 능력은 대인관계에서 매우 중요합니다. 이를 염두에 둘 때, 개념적 지식에 기반한 판단력은 상대방과의 대화, 충돌 해결, 협상 등 다양한 상황에서 적절한 대처 방식을 선택하는 데 필수적인 것입니다.

마찬가지로 ChatGPT를 활용하는 상황에서도 개념적 지식에 기반한 판단력이 필요하며, 이를 바탕으로 높은 수준의 자연어 이해와 문제 해결 능력을 갖출 수 있습니다. 특히, 개념적 지식에 기반한 판단력은 ChatGPT가 제공하는 답변을 평가하고 검증하는 과정에서 중요합니다.

ChatGPT는 대량의 데이터를 학습하여 다양한 주제에 대한 대화를 수행할 수 있지만, 데이터가 항상 정확하고 신뢰성이 높은 것은 아닙니다. 따라서, ChatGPT가 제공하는 답변이 올바른지 판단하고 검증하는 능력이 필요합니다.

ChatGPT 활용 시 개념적 지식 구조의 중요성

개인은 다양한 경험과 학습의 축적을 통해 개념적 지식을 형성하며, 개념적 지식 구조는 이러한 개념적 지식들이 서로 연결되어 있는 구조를 의미합니다. 개념적 지식 구조는 우리가 문제를 해결하거나 결정을 내리는 과정에서 판단의 기초로서 중요하게 기능합니다. 이러한 측면에서 개념적 지식 구조가 부족한 사람이 ChatGPT를 사용할 경우 다음과 같은 위험이 있습니다.

첫째, 개념적 지식 구조가 부족한 사람은 ChatGPT와 대화를 하면서 제공되는 정보를 잘못 이해하거나 오인할 가능성이 높습니다. 그리고 그럴 경우, 이를 바탕으로 한 판단과 결정에 오류가 발생할 수 있습니다. 예를 들어 의료 정보를 찾는데 ChatGPT가 제공하는 정보를 오인하여 잘못된 진단을 받거나, 치료 방법을 잘못 선택하는 경우가 있을 수 있습니다. 뿐만 아니라 ChatGPT가 제공하는 정보를 바탕으로 한 판단이나 결정에 대해 혼란과 불안을 느낄 수 있으며, 이는 다시 ChatGPT에 대한 불신으로 이어질 수 있습니다. 또한, ChatGPT와 대화하면서 제공되는 정보를 잘못 이해하거나 오인할 경우, 이를 바탕으로 인식의 왜곡이 발생할 수 있습니다. 이는 ChatGPT가 제공하는 정보에 대한 신뢰성과 정확성을 낮추며, 일반적인 상식에 대한 이해도 저하시킬 수 있습니다. 따라서, ChatGPT와 대화할 때에는 개념적 지식 구조를 충분히 갖추어야 하며, ChatGPT가 제공하는 정보를 잘못 이해하거나 오인하지 않도록 주의해야 합니다. 또한, ChatGPT가 제공하는 정보를 받아들이기 전에 자신의 지식과 상식을 바탕으로 판단해야 하며, 필요한 경우에는 전문가의 도움을 받아야 합니다.

둘째, 개념적 지식 구조가 부족한 사람은 ChatGPT와 대화를 하면서 ChatGPT의 정보에 의존하게 됩니다. 그들은 직접 정보를 검증하지 않아도 되는 ChatGPT가 제공하는 정보를 믿게 됩니다. 이러한 상황에서 개념적 지식 구조가 부족한 사람은 ChatGPT를 너무 맹신하여, 무분별한 결정을 내리거나 잘못된 정보를 받아들일 수 있습니다. ChatGPT는 인공지능으로써, 인간의 개념적 지식과는 다른 지식 구조와 방식으로 정보를 처리할 뿐 언제나 올바른 정보를 제공할 수 있는 것은 아닙니다. 또한, ChatGPT는 인간의 감정이나 문제 해결 능력 등을 갖추지 못하고, 상황에 따라 정보를 처리하는 방식이 인간의 개념적 지식 구조와 다릅니다. 따라서, 개념적 지식 구조가 부족한 사람이 ChatGPT와 대화를 할 때, ChatGPT의 정보에 의존하는 것은 위험할 수 있습니다. 그들은 ChatGPT가 제공하는 정보를 무조건적으로 받아들이면 잘못된 정보를 받아들일 가능성이 있고, 이로 인해 오류를 범하거나 위험에 노출될 수 있습니다. 개념적 지식 구조를 갖춘 사람은 ChatGPT의 정보를 적극적으로 활용하면서도, 이를 검증하고 필요한 정보를 선별하는 등의 판단력을 가지고 활용할 수 있습니다. 이는 개념적 지식 구조가 부족한 사람들보다 안전하게 정보를 활용할 수 있게 되는 것을 의미합니다.

셋째, 개념적 지식 구조가 부족한 사람이 ChatGPT와 대화를 할 때, ChatGPT가 제공하는 정보가 편향되어 있다면 이로 인한 부정적인 영향에 더욱 크게 노출될 가능성이 있습니다. ChatGPT가 제공하는 정보의 편향성은 ChatGPT가 학습한 데이터나 편견 등으로 인해 발생할 수 있습니다. ChatGPT가 제공하는 정보에 편향성이 발생하면 해당 개념이나 주제에 대한 왜곡된 이해나 인식을 유발할 수 있으며, 이러한 편향성은 개념적 지식 구조가 부족한 사람에게 더 큰 문제가 될 수 있습니다. 예를 들어 ChatGPT가 특정 인종이나 성별에 대해 부정적인 편견이 담긴 정보를 제공하는 경우 이를 받아들인 사람은 해당 인종이나 성별을 편견을 가질 가능성이 높아지며, 이러한 편향성은 불평등이나 차별 등 사회 문제를 악화시킬 수 있습니다. 따라서 ChatGPT와 대화를 할 때는 편향성을 인식하고, 다양한 소스에서 정보를 수집하고 비판적으로 검토해야 합니다.

이상의 내용을 종합하면, ChatGPT를 주체적으로 사용하기 위해서는 개념적 지식을 충분히 습득하고 개념적 지식을 기반으로 하는 판단력을 키워야 합니다. 또한, ChatGPT와 대화를 할 때는 ChatGPT가 제공하는 정보에 의존하지 않고 개념적 지식을 기반으로 논리적인 판단을 할 수 있어야 합니다.

개념적 지식 기반의 판단력 향상 방법

개념적 지식에 기반한 판단력을 향상시키기 위해서는 해당 분야나 주제에 대한 지식을 체계적으로 학습하고 다양한 자료를 수집하며, 이를 분석하여 개념적 지식 구조를 형성하는 과정이 필요합니다. 또한, 학습한 지식을 바탕으로 판단하고 문제를 해결하는 연습을 지속적으로 수행하는 것이 중요합니다. 이를 통해 개념적 지식에 기반한 판단력을 향상시킬 수 있습니다.

개념적 지식에 기반한 판단력을 키우는 방법은 크게 두 가지로 나눌 수 있습니다. 첫째는 본인의 개념적 지식 구조를 형성하는 것입니다. 대표적인 방법으로 독서가 있습니다. 학습자는 다양한 분야의 도서를 읽음으로써 새로운 지식을 습득할 수 있습니다. 전문가들의 오프라인, 온라인 강의를 수강하면서도 해당 분야의 체계적인 지식을 습득하게 됩니다. 또 다른 방법으로 다양한 포럼에 참여하는 방법이 있습니다. 관심 분야의 포럼에 참여해서 다른 사람들의 의견을 듣고 지식을 공유하는 것은 개념적 지식 구조에 기반한 판단력을 기를 수 있는 좋은 방법입니다. 그 밖에도 궁금한 것에 대해 검색하거나 질문하는 등 답을 찾는 모든 활동이 개념적 지식의 증진에 기여할 수 있습니다.

두 번째 방법은 판단력을 향상하는 것입니다. 학습자는 우선 새로운 개념을 습득하고 이를 현실에 적용하여 문제를 해결하는 판단력을 키울 수 있습니다. 그와 더불어 개념적 지식을 적용함으로써 비판적 사고력을 키우는 것도 중요합니다. 이를 통해 현실 속 문제를 비판적으로 생각하고, 다양한 시각에서 바라볼 수 있습니다. 그 밖에도 개념적 지식을 바탕으로 논리적인 추론을 통해 정보의 진실성과 신뢰도를 확인하거나 문제에 대한 대안을 모색하고, 이를 비교하여 최선의 결정을 내리는 활동 등이 판단력 향상에 기여할 수 있습니다. 이러한 방법들을 활용하여 개념적 지식을 쌓고 판단력을 향상시키면, 새로운 상황에서 더욱 효과적으로 문제를 해결하고 올바른 의사결정을 할 수 있게 됩니다.

커뮤니케이션 역량을 강화하라

커뮤니케이션 역량의 의미

커뮤니케이션 역량은 읽기, 쓰기, 듣기, 말하기 등의 방식으로 의사소통하는 능력을 말합니다. 즉, 상대방의 의사를 이해하며 자신의 의사를 효과적으로 전달하고, 상황에 따라 적절한 언어와 태도를 사용하여 대화를 이끌어나가는 능력을 말합니다. 커뮤니케이션 역량을 갖춘 사람은 자신의 의견과 생각을 효과적으로 전달할 수 있으며, 상대방의 의사를 올바르게 이해할 수 있습니다.

커뮤니케이션 역량은 일상생활에서는 물론, 직장에서의 업무 수행,

정치적인 의사 결정, 문화석 이해 등 모든 분야에서 필수적인 능력입니다. 예를 들어 직장에서 커뮤니케이션 능력을 활용하면 팀원들과의 원활한 소통과 협조를 통해 업무 효율성을 높일 수 있습니다. 업무 수행에 필요한 정보를 주고받으며, 서로의 생각과 의견을 공유하여 문제를 해결할 수 있습니다. 또한, 상사나 동료와의 원활한 대화를 통해 대인관계를 유지하고 발전시키고 문제를 해결할 수 있습니다. 그 밖에도 좋은 커뮤니케이션 능력을 가진 사람은 업무의 효율성과 생산성을 높일 뿐 아니라 조직 내에서의 대인관계도 개선시킬 수 있습니다. 하지만 커뮤니케이션 능력이 부족할 경우 자신의 의견을 제대로 표현하지 못하거나, 나른 사람들의 의견을 듣지 않고 자신의 의견만 고집하는 등 의사 결정에 방해가 될 수 있습니다. 문화 차이 때문에 소통과 이해가 어려워져 서로 오해나 혼돈이 생길 수 있고, 그로 인해 상호 간의 신뢰와 존중이 부족해질 수도 있습니다. 따라서 커뮤니케이션 능력은 여러 가지 측면에서 중요하며, 이를 향상시키는 노력이 필요합니다.

커뮤니케이션 능력은 다양한 요소로 구성되어 있습니다. 우선 읽기, 쓰기, 듣기, 말하기 등 언어적인 요소를 꼽을 수 있습니다. 또한, 언어 외적인 요소로 언어의 강세, 톤, 몸짓, 표정, 시선 등의 비언어적 요소가 있습니다. 그 외에도 대화 상대와 적극적으로 소통하며 상대의 입장을 이해하고 존중하는 인간관계 능력, 의견 충돌이나 상황 변화에 대처하는 문제 해결 능력, 자신의 생각과 태도를 인식하고 상대방의 생각과 태도를 파악하는 인지 능력, 다양한 문화와 배경을 이해하고 상황에 맞게 대처할 수 있는 문화적 이해 능력, 타인을 이끌어가며 목표를 달성하기 위해 소통하는 리더십 능력, 새로운 아이디어나 해결책을 생각해내고 이를 소통할 수 있는 창의성 등이 있습니다. 위의 요소들을 종합적으로 갖춘 사람은 다양한 상황에서 효과적으로 소통할 수 있으며, 이러한 요소들을 상황에 맞게 적절하게 조합하는 것은 효과적인 커뮤니케이션을 이루는 데에 필수적인 역할을 합니다.

ChatGPT 활용 시 커뮤니케이션 역량의 중요성

ChatGPT는 여러 가지 용도로 활용될 수 있는데 특히 교육적 활용에 있어 글쓰기 학습에 보조적 기능을 수행할 수 있습니다. 이렇게 ChatGPT가 일상적으로 활용될 경우에는 읽기와 쓰기 능력과 함께 말하기와 듣기의 역량이 더욱 강조될 수 있습니다. ChatGPT의 도움을 받아 작성한 글의 경우 이를 활용하여 자기의 개념으로 설명하는 역량이 중요하게 강조될 수 있습니다. 듣기와 말하기가 주로 활용되는 대화를 통해 본인의 콘텐츠를 상대방에게 명확하게 전달하고 소통할 수 있는 역량이 더욱 강조될 것으로 예상됩니다. 나아가 ChatGPT의 올바른 사용을 위해 텍스트 기반의 커뮤니케이션 능력 신장에도 많은 관심이 요구됩니다.

ChatGPT를 제대로 활용하기 위해서는 본인의 질문을 명확하게 생성하고, 추가적인 질문과 대화를 통해 원하는 답변을 찾아가는 것이 중요합니다. ChatGPT는 알아서 사용자에게 필요한 정보를 생성하는 것이 아니라 사용자가 요구하는 질문에 대한 답변을 생성하게 됩니다. 질문이 명확하지 않으면 질문의 내용을 오해하여 잘못된 정보를 제공할 수도 있습니다. 이러한 이유로, ChatGPT를 사용할 때 커뮤니케이션 능력을 갖추는 것이 중요합니다.

ChatGPT와의 대화 과정에서 커뮤니케이션 역량이 부족한 상황에서 ChatGPT를 사용할 때 크게 두 가지 위험성이 있습니다. 첫 번째는 오해와 오류의 위험성입니다. ChatGPT가 맥락을 이해하고 대화를 이어갈 때, 사용자의 표현이 명확하지 않을 경우 ChatGPT가 사용자의 의도를 잘못 파악하여 오류가 발생할 수 있습니다. 한편으로, 이는 사용자가 ChatGPT에게 제대로 설명을 하지 못해 ChatGPT가 맥락에 맞지 않는 답변을 제공하는 결과를 초래할 수도 있습니다. 또한, 커뮤니케이션 능력이 부족한 사람은 ChatGPT가 정확한 답변을 해도 그 문맥을 파악하지 못해서 내용을 오해할 수 있습니다.

두 번째 위험성은 사회적 상호작용 능력 저하 가능성입니다. 커뮤니케이션 능력이 부족한 사용자가 ChatGPT와 대화를 하면, 사용자와 ChatGPT가 서로 정확하고 적절한 대화를 나눌 수 없을 가능성이 있습니다. 특히, ChatGPT와의 대화는 언어 모델이 학습한 데이터에 따라 대화의 품질이 달라질 수 있습니다. 그러므로 커뮤니케이션 능력이 부족한 사용자가 ChatGPT를 사용하면, 타인과 상호작용을 할 수 있는 능력이 저하될 가능성이 있습니다. 따라서 사용자가 ChatGPT와 대화하기 전에는 ChatGPT의 기능과 제한사항을 충분히 이해하고, ChatGPT가 제공하는 정보의 정확성을 검증하는 데 필요한 추가 정보를 수집하는 것이 좋습니다.

커뮤니케이션 역량을 향상시키는 방법

커뮤니케이션 역량은 꾸준한 학습과 연습을 통해 향상될 수 있습니다. 이를 위한 몇 가지 추천 방법은 다음과 같습니다. 첫 번째 방법은 대화 연습입니다. 우선 대화를 시작하기 전에 어떤 내용을 어떤 순서로 이야기할지 미리 생각해 보는 것이 좋습니다. 이를 통해 대화의 흐름을 미리 파악하고 더욱 원활한 대화가 가능합니다. 대화 상대방의 관심사나 생각에 대해 더 알아보기 위해 적극적으로 질문을 해보는 것도 좋은 방법입니다. 질문을 통해 상대방의 관점을 이해하고, 대화를 더욱 풍부하게 만들 수 있습니다. 이때 대화 상대방의 이야기를 경청하되, 동시에 상대방의 주장에 대해 비판적으로 생각해 보는 것이 좋습니다. 이를 통해 더욱 깊은 대화가 가능해지고, 문제 해결 능력도 함께 향상될 수 있습니다. 다양한 상황에서 대화를 연습할 수도 있습니다. 일상적인 상황뿐만 아니라 회의나 발표 등의 상황에서 대화 연습을 하는 것도 도움이 됩니다. 다음 단계는 피드백 받기입니다. 이는 대화를 나누고 나서, 상대방이나 다른 사람으로부터 피드백을 받아보는 것을 의미하며, 이를 통해 자신의 커뮤니케이션 능력을 더욱 개선할 수 있습니다. 이러한 방법들을 통해 대화 연습을 하면 보다 원활하고 효과적인 대화가 가능해지며, 커뮤니케이션 능력도 함께 향상됩니다.

두 번째 방법은 몸짓과 표정 연습입니다. 말뿐만 아니라 몸짓과 표정도 중요합니다. 이를 위해 먼저 거울을 바라보고 자신의 표정과 자세를 확인하고 개선해 볼 수 있습니다. 몸짓과 표정을 잘 활용하지 못하는 부분을 찾아내기 위해, 자신이 대화나 발표하는 영상을 녹화하고 분석해볼 수도 있습니다. 녹화된 영상을 다시 보면서, 어떤 부분이 부족한지, 어떤 부분을 개선할 필요가 있는지 파악하고, 이를 개선해 나갈 수 있습니다. 또한, 몸짓과 표정이 풍부한 연극이나 TV 프로그램에서 배우들의 표정과 자세를 관찰하고 모방하거나, 셀프 토크 과정을 통해 대화를 하거나 발표를 할 때 자신이 전달하고자 하는 내용을 어떤 표정과 자세로 말할 것인지 미리 상상함으로써 표현력을 높일 수 있습니다. 덧붙여, 일상적으로 자신의 자세와 표정에 주의를 기울이는 것도 중요합니다. 예를 들어, 스트레칭을 하거나 평소 바른 자세를 유지하는 등의 습관을 만들어 두면, 대화나 발표 시에도 더 나은 몸짓과 표정을 사용할 수 있습니다.

세 번째 방법은 청취 연습입니다. 커뮤니케이션을 위해서는 상대방이 말하는 내용을 잘 들어주고 이해하는 것이 중요합니다. 청취 연습은 상대방의 의도와 감정을 파악하고 대응하는 능력을 키우는 데 도움이 됩니다. 이때, 말하는 사람의 발언을 집중해서 듣는 것이 중요합니다. 말하는 사람의 말을 중간에 끊지 않고 말이 끝난 후에 대답을 해야 합니다. 또한, 말하는 사람의 발언을 요약해서 말하면서 그 내용을 이해하는지 확인하는 연습, 말하는 사람의 발언을 반복해서 듣는 연습, 말하는 사람의 비언어적인 신호를 파악해서 그 내용을 이해하는 연습, 자신이 이해한 내용을 상대방에게 질문하여 재확인하는 연습 등을 통해 상대방의 발언을 이해하는 능력을 키울 수 있습니다.

이 밖에 전문가들의 강의나 책을 통해 커뮤니케이션에 대한 이론과 기술을 학습할 수 있습니다. 글쓰기 연습을 통해 자신의 생각과 감정을 명확하게 표현할 수도 있고, 다양한 경험으로 넓어진 시야를 통해 대화 내용에 대한 이해와 해석을 확장할 수 있습니다. 더 나아가 다른 언어를 학습하면 언어 능력뿐만 아니라 다른 문화와 생각의 다양성을 이해함으로써 커뮤니케이션 능력의 향상을 도모할 수 있습니다.

실제 문제 해결 능력을 길러라

문제 인식 및 해결 능력의 의미

문제 인식 및 해결 능력은 주어진 상황에서 문제를 발견하고 이를 분석하여 해결책을 찾아내는 능력입니다. 이 능력은 일상생활뿐만 아니라 직장에서 업무를 수행하거나, 사회적 문제를 해결하는 데 필요합니다. 문제를 인식하기 위해서는 문제에 대한 개념과 기준, 관점이 매우 중요하다고 할 수 있습니다. 문제를 인식하는 것 자체로 올바른 상황에 대한 개념을 갖고 있음을 의미하기 때문입니다.

문제 인식 능력은 문제의 원인을 파악하는 능력입니다. 이를 위해서는 문제가 발생한 상황을 면밀히 관찰하고 분석해야 합니다. 문제의 원인을 파악하면 비슷한 문제가 다시 발생하지 않도록 예방할 수 있습니다. 문제를 발견하는 능력의 요소는 다음과 같습니다. 첫 번째 요소는 관찰력입니다. 문제를 발견하고 해결하기 위해서는 먼저 문제를 인식하는 능력이 필요하며, 이를 위해서는 뛰어난 관찰력이 필요합니다. 두 번째 요소는 분석력입니다. 발견한 문제를 이해하기 위해서는 복잡한 현상을 세부적으로 나누어 들여다보고 원인을 찾아야 합니다. 이를 위해서는 논리적 사고력과 분석력이 필요합니다. 세 번째 요소는 팀워크입니다. 문제 발견 및 해결에 있어서는 팀워크가 중요하며, 이때 팀원들과의 원활한 소통과 협력이 중요합니다.

문제를 해결하기 위해서는 먼저 문제를 분석하여 해결책을 도출해야 합니다. 해결책을 도출할 때에는 여러 가지 선택지를 고려하고, 각각의 선택지의 장단점을 분석하여 최적의 선택을 찾아야 합니다. 이후에는 선택한 해결책을 실행하고, 결과를 평가하여 문제를 완전히 해결할 수 있도록 조치를 취해야 합니다. 문제 해결 능력은 크게 다음과 같은 요소로 구성됩니다. 첫째, 분석적 사고력입니다. 이것은 문제를 분해하고 요인을 파악하여 문제를 규명하는 능력입니다. 문제의 해결을 위해, 문제 상황을 다양한 관점에서 바라보고 원인을 파악하고 분석하는 것이 필요합니다. 둘째, 창의적 사고력입니다. 이것은 새로운 아이디어를 생각해 내고 문제 해결에 적용하는 능력입니다. 문제의 해결을 위해서는 다양한 방법을 고민하고, 융합적으로 생각하여 해결책을 만들어가는 것이 중요합니다. 셋째, 사회적 문제의 경우에는 의사소통 역량이 중요합니다. 여러 사람이 관련된 사회적 문제에서는 다른 사람과 원활하게 의사소통하며 정보를 교환하고 문제를 해결해야 됩니다. 이를 위해서는 문제를 정확히 설명하고, 다른 사람의 의견을 수렴하며, 문제를 해결하는 능력이 필요합니다. 넷째, 자기조절 능력입니다. 이는 필요한 시간과 자원을 관리하며, 문제를 해결하기 위해 노력하는 능력입니다. 문제에 집중하고 해결 방법을 시도하며, 문제가 해결될 때까지 인내심을 갖는 것이 필요합니다. 다섯째, 협업 능력입니다. 다른 사람들과 함께 문제를 해결하는 능력입니다. 문제 해결을 위해서는 다른 사람들과 효과적으로 협력하고 다양한 의견을 수렴하며, 각자의 역할을 수행하는 것이 필요합니다.

ChatGPT 활용 시 문제 해결 능력의 중요성

ChatGPT는 스스로 문제를 제기하는 것이 아니라 사용자가 제기하는 문제를 해결하는 데 도움을 주는 역할을 수행하게 됩니다. 특히 사용자의 문제 인식은 ChatGPT에 질문하는 형태로 드러나게 됩니다. 다시 말해서 질문의 수준이 ChatGPT 활용의 수준을 결정한다고 해도 과언이 아닙니다. 따라서 좋은 질문을 할 수 있는 역량이 필요하고 그것이 바로 문제 인식과 해결의 능력으로 연결된다고 할 수 있습니다.

문제 발견 및 해결 능력이 부족한 사람이 ChatGPT를 사용할 경우 다음과 같은 위험이 있을 수 있습니다. 첫째, 적절한 질문을 제시하지 못해 원하는 답변을 얻지 못하는 경우입니다. 문제 인식 능력이 부족한 사람이 ChatGPT에게 적절한 질문을 제시하지 못하면 원하는 답변을 얻지 못할 가능성이 높습니다. 이는 해당 문제를 해결하는 데 있어서 시간과 비용이 더 많이 들어갈 수 있습니다. ChatGPT와 대화하면서 적절한 질문을 제시하지 못하면, 원하는 답변을 얻지 못할 뿐만 아니라 잘못된 답변이나 부적절한 정보를 얻을 수도 있습니다. 이는 잘못된 판단이나 행동으로 이어질 수 있으므로, 문제를 해결하기 위해서는 적절한 질문을 제시하고, ChatGPT의 답변을 신중하게 검토해야 합니다. 이를 통해 더 효율적이고 정확한 문제 해결 방법을 찾을 수 있습니다. 또한, 적절한 질문을 제시하지 못하면 ChatGPT와의 대화가 무의미하거나 비생산적이 될 수 있습니다. 문제 발견 및 해결 능력을 향상시키면서 적절한 질문을 제시하고, ChatGPT와의 대화에서 유의미한 정보를 얻어내는 것이 중요합니다. 이를 통해 정확하고 유용한 정보를 얻을 수 있으며, 이를 기반으로 문제 해결에 도움을 줄 수 있습니다.

둘째, 잘못된 정보를 믿는 경우입니다. 문제 해결 능력이 부족한 사람은 정보의 진위 여부를 확인하는 능력도 떨어질 수 있습니다. 문제 인식 및 해결 능력이 부족한 사람이 ChatGPT와 대화를 하면서 잘못된 정보에 대해 믿는 것이 위험한 이유는 다양합니다. 먼저, 잘못된 정보를 믿게 되면 잘못된 판단을 내리거나 옳지 않은 행동을 할 수 있습니다. 예를 들어, 건강 관련해서 신뢰할 수 없는 정보를 믿는다면 건강에 해를 입을 수 있습니다. 또한, 잘못된 정보를 믿게 되면 혼란스러워질 수 있습니다. 이 경우 믿을만한 정보를 찾기 어려워져서 올바른 판단을 내리기 힘들어질 수 있습니다. 마지막으로 잘못된 정보를 믿게 되면 다른 사람들에게도 잘못된 정보를 전파하게 됩니다. 이러한 경우 잘못된 정보가 여러 사람에게 확산되어 심각한 문제를 야기할 수 있습니다. 따라서, ChatGPT와 내화를 하면서 항상 정보의 출처와 신뢰성을 검증하고, 비판적 사고를 갖는 것이 중요합니다. 문제 인식 및 해결 능력을 키워서 올바른 판단을 내리는 능력을 기르는 것도 중요합니다.

셋째, 문제에 대한 종합적인 관점을 갖지 못하는 경우입니다. 문제 해결 능력이 부족한 사람은 문제를 해결하기 위한 전반적인 시각을 갖기 어렵습니다. 종합적인 관점이 부족하다면 문제의 본질을 파악하지 못하고 부분적인 해결책만 찾게 될 수 있습니다. 마치 전체 숲을 보지 못하고 개별적인 나무만 보는 것처럼 시야가 좁아진 것입니다. 이렇게 된다면 문제를 제대로 해결하지 못할 가능성이 높아집니다. 또한, 종합적인 시각이 부족하면 문제의 근본 원인을 파악하지 못하고 부분적이거나 임시적인 해결책에만 의존할 수 있습니다. 이러한 경우에는 문제가 지속되거나 더 심화될 수 있으므로, 전반적인 시각에서 문제를 이해하고 해결 방안을 탐색하는 것이 중요합니다. 따라서 종합적인 시각에서 ChatGPT와 대화할 수 있도록 노력해야 합니다. 이를 위해, 문제의 관련 정보를 수집하고 분석하며, 다양한 시각에서 문제를 바라보며 해결책을 찾아보는 것이 필요합니다.

결론적으로, 문제 해결 능력의 부족은 심각한 위험을 초래할 수 있으므로, ChatGPT를 사용하기 전에 문제를 명확하게 정의하고, 질문을 구체적으로 제시하여 적절한 답변을 얻는 것이 필요합니다. 또한, ChatGPT가 제공하는 정보를 검증하고 문제를 해결하기 위한 전체적인 시각을 갖는 것도 중요합니다.

문제 해결 능력을 향상시키는 방법

문제 해결 능력은 상황에 대한 분석과 판단 능력, 창의적인 해결책 도출 능력, 실행과 평가 능력 등 다양한 능력을 필요로 합니다. 일상생활에서 연습과 경험을 통해 문제 발견 및 해결 능력을 키울 수 있습니다. 문제 발견 및 해결 능력을 키우기 위한 창의적 학습 방법은 다음과 같습니다.

첫 번째 방법은 문제 해결과 관련된 도전적인 프로젝트를 수행하는 것입니다. 책을 읽거나 강의를 듣는 것도 중요하지만, 직접 문제를 해결해 보는 것이 더욱 효과적입니다. 이를 통해 실제 문제를 인식하고 해결하는 방법을 경험하며, 자신의 아이디어를 적용하는 시도를 해볼 수 있습니다.

두 번째 방법은 다양한 분야에서 학습하며 지식을 습득하는 것입니다. 문제를 해결하는 데에는 광범위한 지식과 경험이 필요합니다. 따라서 다양한 분야에서 학습하며 지식을 습득하는 것이 중요합니다. 다른 분야에서의 아이디어나 접근 방법을 배우면 자신의 분야에서 문제를 해결하는 데에도 도움이 될 수 있습니다.

세 번째 방법은 예외적인 상황에서 문제 해결 방법을 찾는 것입니다. 일상적인 상황과 달리 예외적인 상황에서는 예기치 못한 문제가 발생할 수 있습니다. 이런 상황에서는 문제 해결 방법을 찾기 위해 창의적이고 융통성 있는 사고력이 필요합니다. 따라서 익숙한 환경에서 벗어나서 새로운 상황에서도 문제를 해결할 수 있는 능력을 키우는 것이 중요합니다.

네 번째 방법은 실패의 경험을 긍정적인 방향으로 승화시키는 것입니다. 문제 해결 과정에서의 실패 경험은 창의적 학습에서 중요한 요소입니다. 실패를 긍정적인 경험으로 바라보고, 이를 통해 자신의 아이디어와 방법을 개선함으로써 추후 새로운 문제 상황에서 더 나은 결과를 얻을 수 있습니다.

다섯 번째 방법은 토론, 피드백, 협력을 통해 아이디어를 발전시키는 것입니다. 자신의 아이디어를 다른 사람들과 공유하고 토론하며, 그들의 피드백을 받아보는 과정을 통해 자신의 아이디어를 발전시키고, 더욱 창의적인 해결책을 찾아낼 수 있습니다.

창의성과 인문학적 상상력을 함양하라

창의성과 인문학적 상상력의 의미

창의성은 새로운 아이디어나 해결 방안을 만들어 내는 능력입니다. 즉, 문제를 해결하기 위해 새로운 관점이나 방법을 찾는 것을 말합니다. 창의성은 직관, 상상력, 비판적 사고, 탄력성 등의 다양한 요소들을 포함합니다. 직관Intuition은 무의식적으로 떠오르는 아이디어나 판단력을 의미합니다. 창의성을 발휘하는 데 있어서 직관은 매우 중요한 역할을 합니다. 직관력이 뛰어난 사람들은 일반적인 사고에 갇히지 않고, 새로운 아이디어를 쉽게 떠올릴 수 있습니다. 상상력Imagination은 새로운 것을 상상하는 능력입니다. 상상력을 가진 사람들은 새로운 해결책을 생각해 내고, 다양한 아이디어를 조합하여 창의적인 결과를 도출할 수 있습니다. 비판적 사고Critical thinking는 논리적인 사고와 관찰, 분석, 평가, 결정 등의 능력을 의미합니다. 비판적 사고력이 높은 사람들은 문제를 깊이 있게 이해하고, 다양한 시각을 적극적으로 수용하며, 논리적이고 합리적인 결론을 도출할 수 있습니다. 탄력성Resilience은 실패나 역경에도 끈기와 인내심을 가지고 도전을 계속하는 능력입니다. 창의적인 사람들은 실패를 두려워하지 않으며, 실패를 통해 배우며 성장하는 탄력성을 가지고 있습니다. 이러한 요소들은 창의성을 구성하는 중요한 요소들 중 일부입니다. 이 외에도 열린 마음과 상호작용, 공동체적 지식 등이 창의성을 구성하는 데 있어서 중요한 역할을 합니다. 창의성은 다양한 요소들의 조합으로 이루어져 있기 때문에, 이 요소들을 함께 발전시키는 것이 중요합니다.

인문학적 상상력은 인문학적 지식과 상상력을 결합하여 현실에 대한 깊은 이해를 바탕으로 창의적인 해결책을 찾는 능력입니다. 인문학적 상상력은 인간의 삶과 사회, 문화, 예술 등에 대한 상상력을 의미합니다. 인문학적 상상력은 다양한 요소들로 구성되어 있습니다. 첫째, 역사적 상상력Historical imagination은 과거에 대한 상상력을 의미합니다. 인문학에서는 과거를 이해하는 것이 현재와 미래를 이해하는 데 중요합니다. 역사적 상상력이 높은 사람들은 과거를 다양한 시각에서 바라볼 수 있으며, 과거와 현재를 연결시켜 보고 미래를 예측할 수 있습니다. 둘째, 문학적 상상력Literary imagination은 문학 작품을 이해하고 해석하는 능력을 의미합니다. 문학적 상상력이 높은 사람들은 문학 작품을 쉽게 이해하고, 작품의 의도와 메시지를 파악할 수 있습니다. 셋째, 철학적 상상력Philosophical imagination은 철학적 문제에 대한 상상력을 의미합니다. 철학적 상상력이 높은 사람들은 문제를 다양한 각도에서 바라볼 수 있습니다. 넷째, 예술적 상상력Artistic imagination은 예술 작품에 대한 상상력을 의미합니다. 예술적 상상력이 높은 사람들은 자유롭게 상상력을 발휘하며, 창의적인 예술 작품을 만들어 낼 수 있습니다. 이러한 요소들은 인문학적 상상력을 구성하는 중요한 요소 중 일부입니다. 결론적으로, 인문학적 상상력은 인간의 삶과 사회, 문화, 예술 등에 대한 종합적 상상력을 의미합니다. 인문학적 상상력이 높은 사람들은 인간의 삶과 사회, 문화, 예술 등의 영역을 자유롭게 넘나들며 상상의 나래를 펼쳐나가고, 이를 바탕으로 새로운 아이디어를 발휘할 수 있습니다. 인문학적 상상력은 다양한 요소들의 조합으로 이루어져 있어서 이러한 요소들을 함께 발전시키는 것이 중요합니다.

창의성과 인문학적 상상력은 서로 긴밀하게 연결되어 있습니다. 우선, 인문학적 상상력은 새로운 아이디어나 창작물을 만들기 위해 필요한 창의적인 사고를 돕습니다. 예를 들어, 문학 작품을 읽거나 예술 작품을 감상하면서 인문학적 상상력이 풍부해지면, 새로운 아이디어나 창작물을 만들기 위한 자신만의 독특한 시각과 방법을 개발할 수 있습니다. 또한, 인문학적 상상력은 창의성을 위한 통찰Insight을 제공합니다. 인문학적 상상력이 높은 사람들은 다양한 상황에서 문제 해결과 의사 결정을 위한 창의적인 아이디어를 제시할 수 있습니다. 예를 들어, 역사적인 사실이나 철학적 문제를 다양한 시각에서 바라보며 새로운 관점을 제시하거나 다른 해결책을 제안할 수 있습니다. 또한, 인문학적 상상력은 창의적인 표현을 위한 도구로 작용합니다. 예술 작품이나 문학 작품을 읽거나 감상하면서 상상력이 풍부해지면, 창의적인 표현 방법과 다양한 미적 감각을 발전시킬 수 있습니다. 이러한 표현 방법은 다양한 분야에서 유용하게 활용될 수 있습니다. 따라서, 인문학적 상상력은 창의성을 키우기 위한 필수적인 요소 중 하나라고 할 수 있습니다. 창의성은 인문학적 상상력과 긴밀한 연결을 맺고 있으며, 인문학적 상상력을 키움으로써 창의성을 발휘하는 데 많은 도움을 줄 수 있습니다.

ChatGPT와 대화를 하면서 창의성과 인문학적 상상력을 활용하면, 다양한 관점에서 문제를 바라보고 새로운 아이디어를 도출할 수 있습니다. 예를 들어, 인문학적인 지식을 활용하여 예술이나 철학적인 관점에서 문제를 바라보는 것도 가능합니다. 이를 통해 더 창의적이고 혁신적인 아이디어를 만들어 낼 수 있습니다.

ChatGPT 활용 시 창의성과 인문학적 상상력의 중요성

창의성과 인문학적 상상력이 부족한 사람이 ChatGPT를 사용하는 경우에는 다음과 같은 위험이 있을 수 있습니다. 첫 번째 위험은 문제 해결 능력이 감소하는 것입니다. 문제 해결 능력은 현실 속 새로운 문제를 발견하고, 이를 해결하기 위해 다양한 방법을 창의적으로 생각해 내는 능력입니다. 하지만 창의성과 인문학적 상상력이 부족한 사람은 문제에 대해 다양한 관점에서 생각하거나 새로운 아이디어를 제시하는 것이 어려울 수 있습니다. ChatGPT와 대화를 하면서 문제 해결 능력이 감소하게 되면, 현실에서 발생하는 문제에 대한 해결 능력도 저하되고 그에 따라 학습자의 사고력과 판단력이 제한될 수 있습니다. 따라서 ChatGPT와 대화를 하면서도 자신의 판단력과 논리적 사고력을 유지하는 것이 중요합니다. 이를 위해 학습자는 다양한 경험을 쌓고, 문제를 다양한 관점에서 바라보며, 상상력을 통해 새로운 아이디어를 제시하고 해결 방안을 찾아내는 능력을 기르는 노력이 필요합니다.

두 번째 위험은 표현력이 감소하는 것입니다. ChatGPT와 대화하는 과정에서는 자신의 의견이나 생각을 정확하게 표현하는 것이 중요합니다. 하지만 창의성과 인문학적 상상력이 부족한 경우, 표현하는 데 한계가 있을 수 있습니다. 창의성과 인문학적 상상력이 부족해 표현력이 제한된 채로 ChatGPT와 대화하면 자신의 의사를 명확히 전달하지 못할 수 있습니다. 이는 ChatGPT와 대화하면서 원하는 정보를 얻기 어렵게 만들어, 원하지 않는 대화나 잘못된 정보를 얻게 될 가능성이 있습니다. 또한, 표현력이 제한된 채로 대화하면, ChatGPT가 문제를 이해하고 답변하는 데 필요한 정보나 문맥을 충분히 제공하지 못할 수 있습니다. 이 역시 ChatGPT의 답변이 부정확하거나 완전하지 않을 가능성이 있습니다. 뿐만 아니라, 부정확한 답변으로 인해 불안 또는 혼란을 느껴 ChatGPT와 대화하는 것이 불쾌한 경험이 될 수 있습니다. 따라서, 표현력이 부족한 경우 ChatGPT와 대화하기 전에 표현력을 향상시키는 방법을 찾는 것이 좋습니다. 예를 들어, 적극적으로 자신의 생각을 기록하거나 표현하는 연습을 하는 것이 좋을 수 있습니다. 또한, 인문학

직인 지식을 습득하고 창의성을 키우는 것도 표현력을 개선하는 데 도움이 될 수 있습니다.

　세 번째 위험은 불확실한 상황을 해결하는 데에 어려움을 겪는 것입니다. ChatGPT를 통한 문제 해결 과정에서 불확실한 상황이 발생할 수 있는데, 이런 경우에는 창의적인 아이디어나 상상력이 필요합니다. 하지만 창의성과 인문학적 상상력이 부족한 사람은 ChatGPT와 대화를 할 때, ChatGPT가 제공하는 정보를 더욱 절대적인 진실로 받아들이고 이를 따르려는 경향이 있습니다. 그러나 현실에서는 불확실성이 존재하는 것이 일반적입니다. 이러한 상황에서 불확실성을 처리하는 능력이 부족하면 틀린 결정을 내리거나, 잘못된 판단을 내릴 가능성이 높아집니다. 또한, 불확실성을 제대로 처리하지 못하면, 문제 해결 능력도 저하될 수 있습니다. 이와 같은 불확실한 상황에서는 스스로 판단하고 결정을 내릴 수 있는 능력을 함양하는 것이 중요합니다. 이는 창의성과 인문학적 상상력을 키우고, 다양한 시나리오를 고려하며, 자신의 생각을 충분히 탐구하고 검증하는 것으로 가능합니다. 이렇게 대비한다면 불확실한 상황에서도 적극적으로 대처할 수 있습니다.

　따라서 ChatGPT를 사용하는 경우에는 항상 판단력과 논리적 사고력을 유지하며, 대화의 결과를 검토하고 평가하는 것이 중요합니다. 또한, 창의성과 인문학적 상상력은 문제 해결과 창의적인 아이디어를 생각해 내는 능력을 향상시키는 데 매우 중요하므로, 이러한 능력을 개발하는 노력이 필요합니다.

창의성과 인문학적 상상력을 향상시키는 방법

창의성과 인문학적 상상력을 기르는 방법은 다양합니다. 첫 번째 방법은 독서입니다. 인문학적 상상력을 기르기 위해서는 다양한 분야의 책을 읽는 것이 중요합니다. 문학, 철학, 역사, 예술 등 다양한 분야의 책을 읽으면서 상상력과 창의력을 키울 수 있습니다. 두 번째 방법은 예술 활동 참여입니다. 예술 활동은 상상력과 창의력을 키우는 데 효과적입니다. 예를 들어, 그림 그리기, 작곡, 노래 부르기, 춤추기 등을 통해 창의적인 아이디어를 고안하고 새로운 표현 방법을 찾을 수 있습니다. 세 번째 방법은 노력과 시간 투자입니다. 창의성과 인문학적 상상력은 단기간에 급격하게 키울 수 있는 것이 아닙니다. 지속적인 노력과 시간 투자가 필요합니다. 일정한 시간을 마련하여 예술 활동을 하거나 책을 읽는 습관을 만들어야 합니다. 네 번째 방법은 새로운 경험의 축적입니다. 창의력과 인문학적 상상력을 기르기 위해서는 새로운 경험을 쌓는 것이 중요합니다. 다른 분야의 사람들을 만나거나 다양한 활동을 해보는 것은 새로운 아이디어를 발생시키는 데 도움이 됩니다. 다섯 번째 방법은 비판적 사고입니다. 창의성과 인문학적 상상력은 비판적 사고와 밀접한 관련이 있습니다. 비판적 사고를 함께 발전시키면서 자신의 생각을 집중적으로 분석하고 다양한 시각에서 바라보는 능력을 기를 수 있습니다. 여섯 번째 방법은 도전을 통해 탄력성을 강화하는 것입니다. 창의성과 인문학적 상상력은 실패와 반복적인 시도를 거쳐야 발전할 수 있습니다. 따라서 탄력성을 강화하여 실패를 극복하고 새로운 아이디어를 발견할 수 있는 유연성을 기를 수 있습니다. 위와 같은 방법을 통해 창의성과 인문학적 상상력을 기를 수 있습니다. 이를 통해 새로운 아이디어를 발견하고, 창의적인 표현 방법을 개발하여 다양한 분야에서 성공할 수 있습니다.

기본적인 디지털 리터러시를 갖춰라

디지털 리터러시 및 디지털 시민성의 의미

디지털 리터러시Digital literacy와 디지털 시민성Digital citizenship은 밀접하게 연관된 개념으로서, 디지털 시대에 요구되는 능력과 태도, 가치관을 모두 포함하고 있습니다. 먼저, 디지털 리터러시는 디지털 정보를 이해하고 활용하는 능력을 의미합니다. 디지털 리터러시를 갖춘 사람은 인터넷에서 필요한 정보를 검색하고, 평가하고, 활용하는 능력을 갖추었기 때문에 인터넷을 더욱 안전하고 효과적으로 이용할 수 있습니다. 이에 더해, 디지털 리터러시를 갖춘 사람은 인터넷에서 다양한 정보를 찾아보고 다양한 사람들과 커뮤니케이션하며 디지털 창의성을 발휘할 수 있는 능력이 있습니다. 이러한 능력들은 디지털 시민성을 형성하는 데 매우 중요한 역할을 합니다.

디지털 리터러시의 구성요소는 크게 네 가지로 구분됩니다. 디지털 리터러시의 첫 번째 구성요소는 정보를 탐색하고 검색하는 능력입니다. 이는 웹 검색 엔진을 이용한 검색 능력과 검색 결과를 검증하는 능력 등을 포함합니다. 디지털 리터러시의 두 번째 구성요소는 정보의 질과 신뢰성을 평가할 수 있는 능력입니다. 이는 정보를 제공하는 소스의 신뢰성, 출처, 선정성, 편향성 등을 평가할 수 있는 능력을 의미합니다. 디지털 리터러시의 세 번째 구성요소는 검색된 정보를 적절하게 활용하는 능력입니다. 이는 검색 결과를 분석하고, 이를 활용하여 문제를 해결하거나, 새로운 아이디어를 만들어 내는 능력을 의미합니다. 디지털 리터러시의 네 번째 구성요소는 정보를 안전하게 보호하는 능력입니다. 이는 개인정보 보호, 적절한 보안 수준 유지 등을 포함합니다. 요약하자면, 디지털 리터러시의 구성요소는 정보 탐색 및 검색 능력, 정보 평가 능력, 정보 활용 능력, 정보 보호 능력으로 구분됩니다. 이러한 능력들은 디지털 시대에서 적극적으로 정보를 활용하고, 인터넷을 안전하게 이용하기 위한 필수적인 능력이라 할 수 있습니다.

디지털 시민성은 디지털 환경에서의 올바른 행동 양식을 의미합니다. 즉, 인터넷과 디지털 도구를 이용하면서 적절한 행동, 책임, 권리 등을 인식하고 이를 준수하는 능력을 의미합니다. 또한, 디지털 시민성은 다양한 인종, 문화, 성별, 나이 등의 차이를 인정하고 존중하는 태도와 이러한 차이를 다양성의 장점으로 인식하는 태도를 의미합니다. 디지털 시민성은 이용자가 인터넷 환경에 안전하게 머무르고, 디지털 정보를 적극적으로 활용할 수 있도록 돕는 역할을 합니다.

디지털 시민성은 디지털 리터러시 역량을 갖춘 시민들이 사회 구성원으로서 추구해 나가야 할 가치와 비전을 제시합니다. 먼저, 디지털 시민성의 3대 핵심 가치는 타인과 자신의 정보를 지키고 디지털 위험에 대응하는 디지털 안전, 디지털 세상에서 자신과 타인을 존중하고 상생의 관계를 형성하는 디지털 공존, 디지털 환경에서 올바른 정보를 찾고 적극적으로 참여해 사회적 가치를 창출하는 디지털 책임의 세 영역으로 구분됩니다.

더욱 구체적으로 디지털 시민성의 3대 핵심 가치는 다음 세부 영역으로 구성됩니다. 첫째, 디지털 안전의 가치는 정보 유출로 인한 피해로부터 자신을 보호하는 개인정보 보호, 과도한 디지털 기기 사용에서 벗어나 온라인과 오프라인 생활을 관리하는 과몰입 방지, 디지털 세상의 폭력이나 위험에 적절히 대처하는 사이버 폭력 대응으로 나누어 볼 수 있습니다. 둘째, 디지털 공존의 가치는 디지털 활동으로 형성되는 자신의 이미지를 올바르게 인식하고 관리하는 자기 정체성, 예의와 규칙을 지키며 긍정적으로 타인과 의견을 공유하고 관계를 형성하는 타인 존중, 타인과 공통의 목표를 달성하기 위해 정보를 나누고 협력하는 공유·협력 영역들로 구성됩니다. 셋째, 디지털 책임의 가치는 비판적 사고를 통해 정보의 옳고 그름을 판단하는 정보 판별, 디지털 세상에서 지역사회 및 글로벌 문제 해결에 참여하는 사회 참여, 디지털 콘텐츠 수정·편집·창조를 통한 사회적 가치 창출의 영역으로 나누어 볼 수 있습니다.

디지털 리터러시와 디지털 시민성은 인터넷 환경에서 안전하고 효과적으로 이용할 수 있는 능력과 태도를 함께 갖추는 데 있어서 중요한 개념입니다. 디지털 시대에서는 이러한 개념들을 향상시키는 노력이 필요하며, 이를 위해서는 교육과 훈련, 안전한 인터넷 환경 조성 등의 노력이 필요합니다.

ChatGPT 활용 시 디지털 리터러시 및 디지털 시민성의 중요성

디지털 리터러시 및 디지털 시민성이 부족한 사람들이 ChatGPT를 사용할 경우에는 몇 가지 위험성이 있을 수 있습니다. 첫 번째 위험성은 잘못된 정보의 수용입니다. ChatGPT는 많은 양의 데이터를 기반으로 생성된 모델입니다. 그러나 학습된 데이터가 편향적이거나 품질이 낮을 수 있고, 결과적으로 생성된 정보가 부정확하거나 편향적일 수 있습니다. ChatGPT와 대화를 하면서 잘못된 정보의 수용을 경계하지 않으면 큰 피해로 이어질 수 있습니다. 예를 들어, 건강에 관한 정보를 ChatGPT에게 물어보고 답을 받았을 때, 잘못된 정보를 믿고 건강에 해로운 선택을 할 수 있습니다. 잘못된 정보를 다른 사람들과 공유할 경우 피해가 확산될 수 있습니다. 예를 들어, 온라인상에서 유포되는 가짜뉴스를 믿고 그 내용에 따라 행동을 취하면 다른 사람들에게 피해를 입힐 수도 있습니다. 이를 방지하기 위해서는 디지털 리터러시와 디지털 시민성을 향상시키고, 인터넷에서 참고하는 정보들에 대해 항상 비판적으로 생각하고 확인하는 습관을 기르는 것이 필요합니다.

　두 번째 위험성은 개인정보 유출의 위험입니다. ChatGPT를 사용하는 동안 사용자는 대화를 통해 개인정보를 제공할 수 있습니다. 그러나 디지털 리터러시 및 시민성이 부족한 사용자는 개인정보 보호에 대한 경각심이 부족하여 ChatGPT와 대화하는 동안 개인정보가 유출될 위험이 있고, 이는 다음과 같은 피해 상황을 초래할 수 있습니다. 우선, 사생활 침해 문제가 발생할 수 있습니다. 인공지능 기술의 개선과정에서 사용자의 개인정보가 유출될 경우, 사생활 침해를 초래할 수도 있으므로 주의가 필요합니다. 다음으로, 개인정보 유출로 인한 경제적 피해의 가능성이 있습니다. 개인정보 유출로 인해 사용자의 은행 정보나 신용카드 정보 등이 탈취될 수 있으며, 이는 금전적 피해로 이어질 수 있습니다. 또한, 개인정보 유출로 인해 광고, 스팸 메일 등의 수많은 광고성 이메일을 받을 수 있습니다. 따라서 ChatGPT와 대화를 하면서 개인정보 유출의 위험을 경계하지 않으면, 개인정보가 유출되어 사생활 침해나 경제적 피해를 입을 가능성이 있습니다. 이를 방지하기 위해서는 디지털 리터러시와 디지털 시민성을 향상시키고, 개인정보 보호에 대한 중요성을 인식하며, ChatGPT와 대화하는 동안 개인정보를 최소화하며, 안전한 인터넷 사용 습관을 기르는 것이 필요합니다.

　세 번째 위험성은 인공지능 과몰입, 과의존과 중독의 위험입니다. ChatGPT와 같은 인공지능 기술은 중독성이 강할 수 있습니다. 이때 디지털 리터러시와 디지털 시민성이 부족한 사용자는 이러한 위험성을 인식하지 못하고, ChatGPT와 같은 기술을 과도하게 사용하여 인공지능 기술에 중독될 수 있습니다. ChatGPT와 대화를 하면서 인공지능 중독의 위험을 경계하지 않으면 다음과 같은 피해가 있을 수 있습니다. 먼저, 인공지능 중독으로 인해 디지털 리터러시와 디지털 시민성이 부족한 사용자는 이러한 위험성을 인식하지 못하고 시간과 에너지를 낭비할 수 있습니다. 그리고 인공지능 중독으로 인해 생활의 질이 저하될 수 있습니다. 인공지능 기술은 매우 편리하고 유용할 수 있지만, 중독적으로 사용할 경우 생활의 질이 저하될 수 있습니다. 때로는 인공지능 기술을 사용하는 대신, 직접적인 대면 소통을 통해 사회적 관계를 유지하는 것이 더욱 건강할 수 있습니다. 뿐만 아니라, 인공지능 과의존으로 인해 사람 간의 소통과 이해력이 감소할 수 있습니다. 인공지능 기술을 사용하면서 사람과의 대화나 소통을 줄일 경우, 소통과 이해력이 감소할 수 있습니다. 이는 사회적 관계의 손실과 함께, 인간관계와의 갈등을 초래할 수 있습니다. 따라서 디지털 리터러시 및 디지털 시민성이 부족한 사람이 ChatGPT와 대화를 하면서 인공지능 과의존의 위험을 경계하지 않으면, 시간과 에너지의 낭비와 생활의 질 저하, 사람 간 소통의 감소 등 다양한 문제가 발생할 수 있습니다. 이를 방지하기 위해서는 디지털 리터러시와 디지털 시민성을 향상시키고, 인공지능 기술을 사용할 때 항상 적절한 사용 범위를 정하며, 일상생활에서 사회적 관계와 소통을 유지하는 습관을 길러야 합니다.

네 번째 위험성은 언어와 문화적 차이에 따른 오해와 혼란입니다. ChatGPT는 다양한 문화와 언어를 다룰 수 있습니다. 하지만 사용자가 ChatGPT와 대화하는 동안 문화적·언어적 차이로 인해 오해가 발생할 수 있습니다. 그러나 디지털 리터러시와 디지털 시민성이 부족한 사용자는 이러한 차이를 인식하지 못하고, ChatGPT와 대화하는 동안 혼란을 느끼거나 오해가 생길 수 있습니다. 그리고 이는 다음과 같은 피해를 초래할 수 있습니다. 우선, 언어와 문화적 차이에 따른 오해와 혼란으로 인해 비판적 사고력이 저하될 수 있습니다. ChatGPT와 대화를 하면서 언어와 문화적 차이에 대한 이해와 인식이 부족한 사용자는 ChatGPT의 출력에 대해 비판적으로 생각하는 것이 어려울 수 있습니다. 또한, 언어와 문화적 차이에 따른 오해와 혼란으로 인해 인종차별, 혐오 발언 등 문제가 발생할 수 있습니다. ChatGPT와 대화를 하면서 언어와 문화적 차이에 대한 이해와 인식이 부족한 사용자가 그에 따라 인종차별, 혐오 발언 등을 부지불식간에 학습하게 되는 문제를 발생시킬 수 있습니다. 덧붙여, 대화의 목적을 달성하지 못하는 경우도 발생할 수 있습니다. 그러나 언어와 문화적 차이에 대한 이해와 인식이 부족하면 ChatGPT와 대화하는 동안 정확한 정보를 얻지 못한 채 목적을 달성하지 못할 수 있습니다. 이를 방지하기 위해서는 디지털 리터러시와 디지털 시민성을 향상시키고, ChatGPT와 대화하기 전에 대화의 목적과 상황을 충분히 이해하며, 상호 간의 존중과 이해를 바탕으로 대화를 진행하는 것이 필요합니다.

종합하여 살펴볼 때, ChatGPT와 같은 인공지능 기술을 사용하기 전에는 디지털 리터러시와 디지털 시민성에 대한 교육과 함께, 인공지능 기술의 장단점과 위험성에 대해 인식하고 대처하는 능력을 함께 갖추는 것이 중요합니다.

디지털 리터러시 및 디지털 시민성을 향상시키는 방법

디지털 리터러시와 디지털 시민성은 인터넷을 안전하고 효과적으로 이용할 수 있는 능력과 태도를 모두 포함하는 개념입니다. 이러한 능력과 태도를 키우는 방법은 다음과 같습니다.

첫째, 교육과 훈련입니다. 학교에서 컴퓨터 교육, 인터넷 교육 등을 실시하거나, 인터넷 동영상 강좌 등을 활용하여 디지털 리터러시와 디지털 시민성을 함양할 수 있습니다. 또한, 인터넷에서 제공하는 다양한 학습 자료를 활용하여 스스로 학습할 수도 있습니다.

둘째, 안전한 인터넷 환경을 조성하는 것입니다. 인터넷 사용자들이 인터넷을 안전하고 편안하게 이용할 수 있도록 보안 조치, 접근 제한, 사용 규칙 등을 설정하는 등의 다양한 방법을 통해 인터넷 환경을 조성할 수 있습니다.

셋째, 인터넷에서 다른 사람들과 소통하고 정보를 공유하며, 참여하는 것도 디지털 리터러시와 디지털 시민성을 향상시키는 데 기여할 수 있습니다. SNS, 블로그, 포럼 등을 통해 다양한 주제의 게시물을 작성하거나 댓글을 달고, 다른 사람들과 소통하는 등의 방법을 활용할 수 있습니다.

넷째, 디지털 리터러시와 디지털 시민성을 키우는 데 있어서 간과할 수 없는 사항은 윤리적인 인터넷 사용입니다. 인터넷 사용 시 다른 사람들의 권리와 존엄성을 존중하고, 부적절한 행동을 지양하며, 인터넷 사용의 책임을 다하는 등의 윤리적인 사용을 습관화하는 것이 중요합니다.

다섯째, 디지털 리터러시와 디지털 시민성을 키우기 위해 사회 참여와 협업이 중요합니다. 인터넷을 활용하여 다른 사람들과 협업하며 공동체 활동을 참여하고, 다양한 문제들에 대해 공동으로 해결하는 경험을 통해 디지털 시민성을 발전시킬 수 있습니다.

여섯째, 동료들과 해당 분야의 전문가들로부터 받는 피드백과 평가도 중요합니다. 이를 통해 개선이 필요한 영역을 식별하고 기술을 향상시키는 방법에 대한 건설적인 비판을 제공할 수 있습니다.

종합하면, 전반적으로 디지털 리터러시와 디지털 시민성을 함양하기 위해 교육과 실습 및 온라인 커뮤니티 참여 등이 필요합니다. 특히, 인공지능과 디지털 기술이 계속 발전함에 따라 계속 배우고 적응하는 것이 필수적이라 할 수 있습니다.

자기주도적 학습 역량을
신장하라

자기주도적 학습 역량의 의미

자기주도적 학습 역량은 개인이 자신의 학습을 계획하고 조절하며 이를 실행하는 능력입니다. 즉, 개인이 학습 목표를 설정하고 이를 달성하기 위해 필요한 자원을 찾고, 학습 진행 상황을 모니터링하며 개선하는 등 학습과정 전반을 스스로 관리할 수 있는 능력을 말합니다. 자기주도적 학습 역량을 갖춘 학습자는 학습 목표를 달성하기 위해 주도적으로 학습을 추진하며, 더 나은 학습 방법을 찾아내고 성취감을 느끼며 스스로 자기 계발합니다. 이러한 능력은 현대 사회에서 요구되는 역량으로 각광받고 있으며, 개인이 평생학습을 추진하는 데 필수적입니다.

　인간의 삶에서 자기주도적 학습 역량을 갖추는 것은 여러 가지 이유로 매우 중요합니다. 첫째, 자기주도적 학습 능력을 습관화하면 지속적인 학습이 가능해집니다. 자기주도적 학습 능력을 키우면 목표를 설정하고 계획을 수립하며, 시행하고 평가하고 피드백을 받아 학습을 지속할 수 있습니다. 이러한 학습 습관을 형성하면 새로운 지식과 기술을 습득할 때도 지속적인 학습을 통해 학습 역량을 유지하는 것이 가능해집니다. 둘째, 자기주도적 학습 능력을 습관화하면 성취감과 동기 부여가 증가합니다. 목표를 설정하고 계획을 수립하며, 시행하고 평가하고 피드백을 받아 학습을 지속하는 과정에서 성취감을 느낄 수 있습니다. 이러한 성취감은 학습에 대한 자신감과 동기를 증가시킵니다. 셋째, 자기주도적 학습 능력을 습관화하면 자기 계발에 더 많은 관심을 가질 수 있습니다. 자기주도적 학습 능력을 키우면 스스로 문제를 해결하고, 새로운 지식과 기술을 습득해 지속적으로 성장할 수 있어 자기 계발에 대한 더 많은 관심을 가질 수 있습니다. 마지막으로 자기주도적 학습 능력을 습관화하면 생활 전반에 걸쳐 유용합니다. 자기주도적 학습 능력을 키우면 목표를 설정하고 계획을 수립하며, 시행하고 평가하고 피드백을 받는 능력이 향상됩니다. 이러한 능력은 학습에 한정되지 않고, 직장에서 프로젝트를 수행하거나 개인적인 목표를 달성하는 등의 다양한 상황에서 유용하게 활용될 수 있습니다. 따라서, 자기주도적 학습 능력을 습관화하는 것은 지속적인 학습과 성취감, 자기 계발에 대한 관심 그리고 생활 전반에서 유용한 능력을 키울 수 있게 됩니다.

ChatGPT 활용 시 자기주도적 학습 역량의 중요성

자기주도적 학습 역량이 부족한 경우, ChatGPT를 사용할 때 다음과 같은 위험에 직면할 가능성이 있습니다. 첫째, 학습 목표를 설정하지 못하는 문제가 발생할 수 있습니다. 자기주도적 학습 역량이 부족한 사용자는 자신이 어떤 목적으로 학습을 진행해야 하는지 인지하지 못할 수 있습니다. 따라서 ChatGPT를 이용하더라도 목적이 불분명하여 적절한 학습이 이루어지지 않을 수 있습니다. 학습 목표를 설정하기 위해서는 해당 분야의 개념과 내용에 대한 이해가 필요하지만, 자기주도적 학습 역량이 부족하면 개념과 내용을 충분히 이해하지 못하여 목표를 설정하는 데 어려움을 겪을 수 있습니다. 또, 학습 목표를 설정하기 위해서는 학습 대상에 대한 관찰력이 필요합니다. 하지만 자기주도적 학습 역량이 부족한 사용자는 적극적인 관찰을 하지 않아 목표 설정에 어려움을 겪을 수 있습니다. 따라서, 자기주도적 학습 역량이 부족한 사용자가 ChatGPT를 사용하여 학습을 진행할 때에는 명확한 학습 목표를 설정하고, 해당 분야의 개념과 내용을 충분히 이해하며, 학습 대상에 대한 관찰력을 발휘하여 목표를 달성할 수 있도록 노력해야 합니다.

자기주도적 학습 역량이 부족한 사용자가 ChatGPT를 과도하게 사용하면 목표 달성을 위한 학습 계획을 수립하고 관리하기 어려울 수 있습니다. 자기주도적 학습 역량이 부족한 사용자는 학습 목표를 달성하기 위한 적절한 계획을 수립하는 능력이 떨어질 수 있습니다. 따라서 ChatGPT를 이용하여 학습을 진행하더라도 적절한 계획 없이 무작정 학습을 진행하게 될 수 있습니다. 학습 계획을 수립한 후에도 해당 계획을 체계적으로 관리하고 상황에 따라 조정하는 능력이 필요합니다. 하지만, 자기주도적 학습 역량이 부족한 사용자는 계획을 관리하고 조정하는 능력이 떨어질 수 있어서 학습 효율이 떨어지게 될 수 있습니다. 따라서, 자기주도적 학습 역량이 부족한 사용자가 ChatGPT를 사용하여 학습을 진행할 때에는 적절한 학습 계획을 수립하고, 해당 계획을 체계적으로 관리하여 학습 효율을 높일 수 있도록 노력해야 합니다.

자기효능감과 동기 수준이 낮은 학습자의 경우에는 ChatGPT와 같은 자기주도적 학습 도구를 활용하여 학습하는 데 어려움이 있을 수 있습니다. 동기 수준이 낮은 학습자는 학습에 대한 목표와 관련하여 높은 관심과 열정을 가지고 있지 않으며, 학습에 대한 자신의 의미와 가치를 충분히 이해하지 못할 수 있습니다. 이러한 학습자들은 새로운 지식을 습득하거나 실력을 향상시키는 과정에서 지루함, 스트레스, 불안, 무관심 등의 부정적인 감정을 느낄 수 있습니다. 이러한 부정적인 감정으로 인해 학습 동기가 낮아지고, 학습을 지속하지 못하는 악순환이 반복될 수 있습니다. ChatGPT와 같은 자기주도적 학습 도구를 이용하는 경우, 학습자는 스스로 학습을 계획하고 실행해야 하기 때문에 더욱 높은 학습 동기와 자기효능감이 필요합니다. 하지만 동기 수준이 낮은 학습자는 이러한 도구를 통해 학습을 계획하고 수행하는 것이 부담스러워 적극적으로 활용하지 못할 수 있습니다. 따라서 동기 수준이 낮은 학습자는 ChatGPT와 같은 도구를 활용하여 학습을 진행하기 전에 학습 목표를 명확하게 설정하고, 자신이 이루고자 하는 결과와 그 가치에 대해 충분히 인식하고 이해해야 합니다. 또한, 학습 과정에서 지속적인 동기 부여를 위해 학습에 대한 긍정적인 피드백을 제공하는 것이 도움이 될 수 있습니다.

따라서, ChatGPT를 사용할 때는 자기주도적 학습 역량을 향상시키고, 정보 평가 능력을 향상시켜야 합니다. 또한, 다양한 정보 소스를 참고하고, 필요한 정보를 수집하고, 평가하는 방법을 습득하여 ChatGPT와 함께 자기주도적으로 학습할 수 있도록 노력해야 합니다. 더불어 자기주도적 학습 역량이 부족한 사람이 ChatGPT를 사용할 때는 그 위험성을 인식하고 학습하여, 적절한 대화 전략을 갖추는 것이 중요합니다.

자기주도적 학습 역량을 향상시키는 방법

자기주도적 학습 역량을 향상시키는 방법은 다음과 같습니다. 첫째, 본인이 정말 원하는 학습의 목표를 명확하게 설정하는 것입니다. 목표는 구체적이고 측정 가능해야 하며, 시간적 제한이 있어야 합니다. 목표 설정 시 시간적 제한이 있어야 하는 이유는 다음과 같습니다. 우선, 시간적 제한은 목표 달성에 필요한 노력과 계획을 구체화할 수 있게 합니다. 시간적 제한이 있는 목표를 설정하면 그 목표를 달성하기 위해 필요한 일정과 작업 계획을 세우는 데 도움이 됩니다. 이렇게 구체적인 계획을 수립하면 목표 달성을 위해 시간과 자원을 더욱 효율적으로 활용할 수 있습니다. 또한, 시간적 제한은 학습 동기 부여에도 영향을 미칩니다. 시간적 제한이 있는 목표는 목표를 달성하기 위해 시간과 노력을 투자해야 한다는 압박감을 느끼기 때문에 학습에 대해 강하게 동기를 부여할 수 있습니다. 뿐만 아니라, 시간적 제한은 목표 달성 후 성취감을 느끼게 합니다. 시간적 제한이 있는 목표를 달성하면 성취감이 더욱 큽니다. 목표를 성공적으로 달성하는 것은 새로운 지식과 기술을 습득하고 자신의 역량을 늘리는 경험을 제공하며, 이는 자기 계발과 성장에 대한 자신감을 증진시키는 데 도움이 됩니다. 따라서, 시간적 제한은 목표 달성을 위한 구체적인 계획 수립과 학습 동기 부여, 목표 달성 후 성취감 증진에 모두 영향을 미치므로, 자기주도적 학습 과정에서 목표 설정 시 시간적 제한이 있어야 합니다.

둘째, 스스로 학습을 위한 계획을 세워보는 것입니다. 목표를 설정한 후에는 그에 따른 계획을 수립해야 합니다. 계획을 세우면 목표를 달성하기 위한 구체적인 방법과 일정이 정해지므로, 자기주도적 학습 효과를 극대화할 수 있습니다. 또한, 계획은 시간과 자원을 효율적으로 관리할 수 있게 합니다. 계획을 수립하면 목표를 달성하기 위해 필요한 일정과 자원을 파악할 수 있습니다. 그리고 이를 기반으로 시간과 자원을 효율적으로 분배하고 사용할 수 있습니다. 이렇게 효율적으로 자원을 사용하면, 목표를 달성하는 데 필요한 시간과 노력을 줄일 수 있습니다. 추가적으로, 계획은 목표를 달성하기 위한 명확한 방향성을 제시하므로, 목표 달성에 대한 동기 부여를 높일 수 있습니다. 목표 달성을 위한 작업을 작은 단위로 분할하면 작업들이 목표를 달성하기 위한 중간 단계로 느껴져 동기를 부여할 수 있습니다. 마지막으로 계획 수립은 목표 달성 후 성취감을 느끼게 합니다. 목표 달성을 위한 계획을 수립하고 그 계획을 실행하여 목표를 성공적으로 달성하는 것은 큰 성취감을 느끼게 해줍니다. 계획을 수립하고 그것을 성공적으로 수행하는 것은 자신감을 증진시키고, 학습에 대한 의지를 촉진할 수 있습니다.

셋째, 자기주도적으로 학습 계획을 실행하는 것입니다. 계획을 실행하는 과정에서는 예상치 못한 문제가 발생할 수 있습니다. 이때는 문제를 해결하며 계획을 조정해야 합니다. 따라서 계획을 수립할 때, 예상치 못한 일이나 상황을 고려하여 유연하게 계획하는 것이 중요합니다. 유연성을 두면 계획 수립 단계에서 고려하지 못했던 변수에 대처할 수 있어서, 목표 달성에 더욱 가까워질 수 있습니다. 또한, 일정한 루틴을 유지해야 합니다. 계획에 일정한 루틴을 유지하면 학습 과정에서 일관성을 유지할 수 있습니다. 이렇게 하면 목표를 성공적으로 달성할 수 있습니다.

넷째, 주기적으로 목표 달성에 대한 평가를 진행하는 것입니다. 목표에 대한 성취도를 파악하고 개선점을 찾아냄으로써, 목표 달성을 위한 동기 부여의 수준을 높일 수 있습니다. 이를 위한 구체적인 접근방식은 다음과 같습니다. 하나, 일정 대비 실적을 비교하는 것입니다. 계획을 수립할 때는 목표를 달성하기 위한 일정을 설정하고, 해당 일정에 맞추어 작업을 진행합니다. 계획 시행 후에는 실제로 걸린 시간과 수행한 작업의 양, 진행 상황 등을 살펴보아 일정 대비 실적을 비교할 수 있습니다. 이를 통해 계획의 성공 여부를 판단할 수 있습니다. 둘, 진행 상황을 체크하여 목표 달성에 대한 진척 상황을 파악하는 것입니다. 계획을 시행할 때, 진행되는 상황을 수시로 파악하는 것이 중요합니다. 이렇게 하면 계획이 예상대로 수행되고 있는지, 문제가 발생했는지를 파악할 수 있습니다. 수행 상황을 체크하면서 필요한 조치를 취하면, 돌발상황에서도 유연하게 대처할 수 있습니다. 셋, 계획 수립 단계에서 설정한 목표와 달성한 결과를 비교하는 것입니다. 이를 비교하여 목표 달성 여부를 평가할 수 있습니다. 넷, 성취감과 문제점을 파악하는 것입니다. 계획 시행 후에는 목표 달성에 대한 성취감을 느낄 수 있습니다. 이를 통해 자기주도적 학습을 시작하는 계기를 만들 수 있습니다. 마지막으로 계획에 대한 평가와 개선 방안 도출 작업을 지속적으로 수행해야 합니다. 계획 시행 평가를 통해 목표 달성에 대한 성공 여부와 문제점을 파악할 수 있습니다. 또한, 계획 시행 중 발생한 문제점을 파악하여 이를 개선하는 것도 중요합니다. 이를 토대로 개선 방안을 도출하여, 다음에 발생할 수 있는 문제를 미리 예측하고 효과적으로 해결할 수 있습니다. 따라서 이 과정을 통해 자신의 학습 방식과 방법을 되돌아보고, 학습의 효율을 높여나갈 수 있습니다.

다섯째, 본인이 계획한 학습 과정과 결과에 대해 평가와 피드백을 받는 것입니다. 자기주도적 학습 역량을 높이기 위해서는 평가와 피드백을 받는 것이 매우 중요합니다. 평가와 피드백을 통해 학습자는 자신의 학습 상황을 파악하고, 개선할 부분을 찾아내며, 자신의 학습 역량을 개선해 나갈 수 있습니다. 이를 위해서는 아래와 같은 방법들이 유용합니다. 학습자는 평가 도구를 활용하여 자신의 학습 상황을 파악해야 합니다. 이를 위해서는 다양한 평가 도구를 사용할 수 있습니다. 예를 들어, 학습 결과를 정량적으로 평가할 수 있는 시험, 퀴즈, 과제, 프로젝트 등을 활용할 수 있습니다. 또한, 학습자의 태도와 행동, 능력 등을 포함하는 자기평가 도구를 활용할 수 있습니다. 평가 결과를 바탕으로 학습자는 피드백을 받아야 합니다. 이때 피드백은 구체적이고 개선 가능한 방법을 제시해야 합니다. 피드백은 긍정적인 피드백과 부정적인 피드백 모두 포함되어야 하며, 부정적인 피드백은 비판적이거나 공격적이지 않고 개선 가능한 부분을 지적하는 것이 좋습니다. 학습자는 받은 피드백을 적극적으로 반영해야 합니다. 이를 위해서는 반드시 피드백을 이해하고 개선 방법을 찾아내 적극적으로 시도해 보는 과정이 필요합니다. 또한, 피드백을 바탕으로 계획을 수정하고, 새로운 목표를 설정해 나가는 것이 중요합니다.

여섯째, 자기주도적 학습 역량을 높이기 위해서는 학습 동기 수준을 유지하고 자기효능감을 높이는 것이 중요합니다. 이를 위해서는 자기주도적 학습을 위한 적정한 난이도의 학습 목표를 설정하는 것이 중요합니다. 목표를 설정할 때는 구체적이고 측정 가능하며 도전적인 목표를 세우는 것이 좋습니다. 목표를 설정하고 이를 달성하는 과정에서 느끼는 성취감은 학습 동기를 유지하는 데 큰 도움이 됩니다. 이뿐만 아니라, 자기주도적 학습 역량을 높이기 위해서는 자신이 할 수 있다는 느낌을 얻을 수 있는 경험이 필요합니다. 이를 위해서는 학습 난이도를 적절하게 조절하고, 조금씩 성취감을 느낄 수 있는 단계적인 학습 계획을 세우는 것이 좋습니다. 평가와 피드백은 학습 동기를 유지하고 자기효능감을 높이는 데 큰 역할을 합니다. 학습 과정에서 자신의 부족한 부분을 파악하고, 피드백을 받아 이를 보완하면서 성취감을 높일 수 있습니다. 특히, 이 과정에서 학습자의 적극적인 피드백 요청과 주변 사람들의 피드백 제공이 필요합니다. 자기주도적 학습을 유지하기 위해서는 지속적인 동기 부여가 필요합니다. 이를 위해서는 학습의 목적과 중요성을 인식하고, 학습에 대한 긍정적인 태도를 유지하는 것이 중요합니다. 또한, 학습 도구나 방법 등을 적극적으로 활용해 학습에 대한 관심과 호기심을 유지하는 것이 도움이 됩니다.

일곱째, 자기주도적 학습 역량을 높이는 데 있어서 협력적 학습은 매우 중요합니다. 협력적 학습의 중요성은 다른 사람들 사이에서 지식을 공유하고 배우며 문제해결 방법을 익힐 수 있도록 하는 협력적 학습의 강점에서 기인합니다. 협력적 학습 방법에는 그룹 프로젝트, 토론, 페어 프로그래밍, 팀 기반 문제 해결 등이 있습니다. 이러한 방법들은 자신의 의견을 공유하고 다른 사람들의 생각과 아이디어를 들으며 적극적으로 참여하는 것을 요구합니다. 그리고 협력적 학습을 위해서는 상호 작용이 필요합니다. 이것은 다른 사람들과 소통하면서 그들의 생각과 아이디어를 이해하고 받아들일 수 있는 능력을 의미합니다. 또한, 상호 작용은 자신의 의견을 제안하고 다른 사람들의 의견을 경청하며 함께 의사결정을 내리는 법을 배우는 것을 의미합니다. 마지막으로 협력적 학습을 통해 자신과 다른 사람들의 지식을 조합하고 발전시키며, 서로가 서로의 아이디어를 도와줌으로써 학습 성과를 더욱 높일 수 있습니다. 이는 자신의 관점을 넓히며, 다른 사람들과 함께 문제를 해결하는 방법을 배우는데 큰 도움이 됩니다. 따라서 협력적 학습을 통해 자기주도적 학습 역량을 높이기 위해서는 상호 작용과 소통을 적극적으로 해야하며, 서로의 의견을 존중하고 받아들일 수 있는 능력을 기르는 것이 중요합니다.

2장 ChatGPT를 활용한 미래교육의 방향

/imagine prompt: Kind artificial intelligence, future education, teachers and students, educational innovation, bright expression

ChatGPT를 활용한
맞춤형 교육 확대

맞춤형 교육의 개념과 다양한 시스템 사례

개인별 맞춤형 교육은 개인의 특성, 능력, 관심사 등을 고려하여 그에 맞는 최적의 교육과정을 설계하고 수행하는 것을 말합니다. 즉, 학생 개인의 특징을 파악하고, 이에 맞게 교육과정을 조정하고 지도하는 것입니다. 이를 위해서는 학생의 학습 능력, 성향, 학습 스타일, 학습 속도, 관심 분야 등을 파악하는 평가가 필요합니다. 이러한 평가는 학생의 성취도와 학습 상황을 정확하게 파악하는데 도움이 됩니다. 평가 결과를 바탕으로 개인에게 맞는 교육과정을 설계하고 실행하여 학생이 높은 성과를 이룰 수 있도록 지원할 수 있습니다. 예컨대 수학 분야에서 맞춤형 교육을 적용하면, 학생 개인의 능력 수준과 학습 속도에 따라 수준별로 분리된 교육과정을 제공하거나, 학생의 수학적 사고 능력을 향상시키기 위한 개별 학습과제를 제공하는 등 다양한 방법으로 개인별 교육을 제공할 수 있습니다. 이러한 개인별 맞춤형 교육은 학생 개인의 성취도와 학습 태도를 높이며, 학생의 자신감과 자기효능감을 키워줄 수 있는 효과가 있습니다. 이를 통해 학생의 학습 동기와 흥미를 유지시키고, 학습 효과를 극대화하는 데 도움이 됩니다.

인공지능의 영향력은 이전보다 더욱 커지고 있고 우리는 이미 인공지능을 통해 자동화와 새로운 기술 발전 등의 혁신을 경험하고 있습니다. 인공지능 기술이 발전하면서, 교육 분야에서도 인공지능을 활용한 맞춤형 교육이 적용되고 있습니다. 인공지능을 통해 학습자의 능력과 특성을 분석하고 이를 반영한 맞춤형 교육과정을 이전에 비해 쉽게 구현할 수 있게 되었습니다. 이 같은 맞춤형 교육은 학습자의 흥미와 역량을 높이며, 학습 효과를 극대화할 수 있습니다. 맞춤형 교육을 통해 학생들은 개인의 특성과 능력을 살려 자신만의 능력과 경쟁력을 키울 수 있으며, 이는 사회적으로도 긍정적인 영향을 줄 수 있습니다. 따라서 인공지능의 발전이 거듭되고 있는 현 시점에 인공지능 기술과 연계해 맞춤형 교육을 구상하는 것은 중요한 과업이 되었습니다.

교육 분야에서 맞춤형 교육은 다양한 방식으로 적용되고 있습니다. 아래에 제시되어 있는 내용은 이와 관련된 몇 가지 주요 사례라 할 수 있습니다. 맞춤형 교육을 구현한 플랫폼으로 유명한 것은 Khan Academy입니다. Khan Academy는 여러 과목으로 구성되어 있는데,

특히 수학 교육 분야에서 가장 잘 알려진 맞춤형 교육 플랫폼 중 하나입니다. 이 플랫폼은 개별 학생의 학습 상황에 따라 적합한 수학 과제 및 문제를 제공하고, 학생의 학습 경로를 추적하여 맞춤형 학습 계획을 제공합니다.

DreamBox도 유명합니다. DreamBox는 초등학생들을 대상으로 한 수학 교육 플랫폼입니다. 이 플랫폼은 학생의 수학 학습 능력에 따라 개별적으로 제작된 학습 경로를 제공하며, 학생의 진도 상황을 추적하여 개별적인 피드백을 제공합니다.

Carnegie Learning은 대학 수준 수학 교육 분야에서 맞춤형 교육을 제공하는 데에 주력합니다. 이 플랫폼은 학생들의 학습 스타일과 능력 수준을 기반으로 수학 문제를 선택하고, 학생들의 진도 상황을 추적하여 맞춤형 학습 계획을 제공합니다.

ALEKS는 수학 교육 분야에서 인공지능을 활용한 맞춤형 교육 플랫폼 중 하나입니다. 이 플랫폼은 학생들의 개별적인 학습 상황을 파악하고, 학생들에게 적합한 문제와 해결 방법을 제공합니다. 또한, 학생들의 학습 경로를 추적하여 맞춤형 학습 계획을 제공합니다.

Smartick은 초등학생들을 대상으로 한 수학 교육 플랫폼으로, 학생들의 학습 상황을 실시간으로 추적하여 맞춤형 학습 경로와 문제를 제공합니다. 또한, 학생들의 학습 경험을 게임처럼 즐겁게 만드는 요소가 포함되어 있습니다.

영어 교육 분야에서도 맞춤형 교육은 활발하게 적용되고 있습니다. 이와 관련해 구체적인 사례를 들여다보면, 아래 내용과 같습니다.

Duolingo는 인공지능과 게임적인 요소를 활용하여 사용자의 영어 실력에 맞춘 맞춤형 교육을 제공하는 어플리케이션입니다. 사용자의 실력에 맞춰 단계별로 학습이 진행되며 사용자의 학습 데이터를 바탕으로 인공지능이 알맞은 문제를 추천해 줍니다.

Knewton은 학습자의 영어 실력을 평가하고, 이를 바탕으로 맞춤형 교육 콘텐츠를 제공하는 영어 학습 서비스입니다. 학습자의 영어 실력을 측정하고 이를 분석하여 강의 콘텐츠를 조정하여 제공합니다.

Grammarly는 영어 문법 및 철자 오류를 검사하고 수정해주는 서비스입니다. Grammarly는 사용자가 입력한 텍스트를 자동으로 분석하고, 사용자의 영어 실력에 따라 맞춤형 교정 및 교육을 제공합니다.

Pearson의 Mylab은 온라인 학습 및 평가 도구입니다. 학습자의 영어 실력을 평가하고, 이를 바탕으로 맞춤형 학습 콘텐츠를 제공합니다. MyLab은 영어 독해, 문법, 작문 등의 분야에서 맞춤형 교육을 제공합니다.

Rosetta Stone은 언어 학습 전문 기업으로, 영어 학습 프로그램도 제공합니다. Rosetta Stone은 맞춤형 교육을 위해 사용자의 학습 능력과 학습 성과를 분석하여 인공지능이 사용자 맞춤형 교육 프로그램을 제공합니다.

ChatGPT와 맞춤형 교육

AI의 발전은 맞춤형 교육을 제공하는 데 실제로 적지 않은 도움을 제공하고 있습니다. 개인별 맞춤형 교육은 학생 개인이 가지고 있는 특성과 능력, 관심사 등을 전반적으로 고려해 최적의 교육과정을 설계하고 수행하는 것에 방점을 두고 있습니다. 때문에 맞춤형 교육을 위한 데이터 수집과 분석, 그리고 의사결정 과정 등에서 AI 기술의 활용 가능성이 높은 편입니다. AI는 학습 데이터의 수집과 분석 과정에서 학생의 학습 활동, 학습 성과, 학습 스타일, 학습의 어려움 등과 같은 데이터를 수집하고 면밀하게 분석해 개인별 맞춤형 교육을 위한 정보를 추출할 수 있게 지원합니다. 이 같은 자료를 토대로 AI는 학생 개인의 특성과 상황에 부합하는 교육과정을 설계하고 제공할 수 있게 됩니다. 이뿐만 아니라, AI 기술을 활용한 개인별 맞춤형 교육 콘텐츠에는 학생이 개별적으로 공부할 수 있는 온라인 교육 콘텐츠, AI 기반 학습 코칭 및 피드백 서비스 등이 있습니다. 이러한 콘텐츠는 개인의 학습 성향과 수준에 맞게 구성되어 학생이 최적의 학습 경험을 할 수 있도록 돕습니다. 마지막으로 AI 기술은 학생 개인의 학습 상황을 실시간으로 관찰하고 학습 계획을 지속적으로 수정 및 보완해 개인별 맞춤형 교육을 제공할 수 있습니다. 이 같은 AI 기반의 맞춤형 교육은 학생의 학습 효과를 극대화하고 학습 동기와 흥미를 유지할 때 활용할 수 있습니다. 따라서 향후 AI 기술의 발전과 더불어 개인별 맞춤형 교육의 가능성은 더욱 상승하고 현장에 확산될 것으로 예상됩니다.

AI의 맞춤형 교육 기여 가능성과 관련하여 ChatGPT는 많은 관심을 불러일으키고 있습니다. 언어 모델 기반의 인공지능인 ChatGPT가 학생과의 대화를 통해 학생의 학습 상황을 심도 있게 이해하고 개인별 맞춤형 교육을 실현할 수 있는 가능성은 점점 커지고 있습니다. 예컨대 학생이 학습하는 내용에 관한 이해도가 낮은 경우, ChatGPT는 학생과의 대화를 함으로써 학습 내용을 더욱 자세하게 설명하고 추가적인 질문에 답해줄 수 있게 됩니다. 또, 학습 방법이나 습관에 관한 조언을 세부적으로 제공해 학생 개인의 학습 태도를 개선할 수 있도록 지원합니다. 이와 동시에 ChatGPT는 대량의 학습 데이터를 토대로 생성된 인공지능 언어 모델이기 때문에 학생들이 이해하기 어려운 학문 분야의 개념을 보다 쉽게 설명해 줄 수 있습니다. 이 같은 ChatGPT가 보유한 강점을 활용해 학생들은 개인별 맞춤형 교육 콘텐츠를 더욱 이해하기 쉽게 됩니다.

ChatGPT를 활용한 맞춤형 교육의 사례는 다음과 같은 것들이 있습니다. 첫째, 자동화된 과제 채점 시스템을 들 수 있습니다. ChatGPT를 활용해 개인별 맞춤형 과제 채점 시스템을 구축할 수 있습니다. 학생이 제출한 과제를 ChatGPT가 분석한 뒤 틀린 부분을 더욱 강조하고, 후속적으로 보완해야 할 내용을 제시해 줄 수 있습니다. 또한, ChatGPT는 학생의 과제 성적을 분석해 개별 피드백을 제공할 수도 있습니다. 둘째, 학생 맞춤형 학습 콘텐츠 생성입니다. ChatGPT는 학생들의 학습 데이터를 분석해 학생의 학습 스타일, 특성, 수준 등을 이해하고, 이를 기반으로 최적의 개인별 맞춤형 학습 콘텐츠를 생성해 조언을 제공할 수 있습니다. 예컨대 특정한 개념을 이해하기 어려운 경우, ChatGPT는 이에 대한 설명과 함께 예시를 충분히 제공함으로써 학생이 이전보다 쉽게 이해할 수 있도록 도울 수 있습니다. 셋째, 인터넷 강의 맞춤형 보조 지원 관련 내용입니다. ChatGPT를 활용함으로써 학생들이 수강하는 인터넷 강의의 내용을 분석할 수 있고, 학생들의 이해도에 따라 개별적으로 적합한 보조 교육을 지원할 수 있습니다. 예컨대 학생이 수강하는 강의 동영상에서 쉽게 파악하지 못하는 부분이 나타날 경우, ChatGPT는 이에 대한 추가 설명을 제공함으로써 학생의 이해도 증진을 지원할 수 있습니다. 넷째, 학습 진도 추적과 연관된 부분입니다. ChatGPT는 학생들의 학습 데이터를 분석해 학습 진도를 추적할 수 있습니다. 학생이 이해도가 높은 개념과 그렇지 않은 개념은 무엇인지 파악하고 어려움을 겪고 있는 지점을 진단함으로써 향후 학습 계획을 수정하도록 도울 수 있고, 개인별 맞춤형 교육 콘텐츠를 제공할 수 있습니다. 끝으로, 문제 해결 지원입니다. 학생들이 학습 과정에서 문제를 해결하는 데 어려움에 직면했을 때 ChatGPT의 활용이 가능합니다. 예컨대 학생이 과제를 수행하는 도중 문제에 직면할 경우, ChatGPT는 이와 관련해 해결 가능한 대안을 제시함으로써 자기주도적으로 문제를 해결할 수 있도록 지원합니다.

HTHT 방식의 플립러닝 확산

HTHT High Touch High Tech 교육의 중요성

오늘날까지 학교는 모든 시민에게 교과교육 기회를 제공함으로써 평등한 시민사회를 만드는 역할을 담당해 왔습니다. 즉, 학교가 이로써 교육기회의 평등을 구현한 셈이라 할 수 있습니다. 제한된 교육 재정을 통해 가급적 많은 학생을 대상으로 교육 기회를 넓히는 것은 현실적으로 쉽지 않은 과업이었으나, 2차 산업혁명으로 등장한 대량생산 체제와 비슷한 형식의 '대량교육 체제 Mass education system'를 도입함으로써 과업을 달성하였습니다. 이 같은 대량교육 체제는 포드자동차 설립자인 헨리 포드Henry Ford의 이야기와 동일선상에 있습니다. 헨리 포드는 당시 과학적 관리론을 산업 현장에 적용함으로써 컨베이어 벨트와 표준화한 공정을 거쳐 대량생산 체제를 완성했습니다. 이에 따라 동일한 단순 생산 공정을 반복적으로 진행하는 '표준화', 각자 스스로 담당하고 있는 부분에만 몰두하는 '분업화', 스스로의 일을 완벽하게 실현해 내는 '전문화'를 구현한 '포디즘Fordism'은 학교에도 적용되었습니다. 이 같은 학교 시스템 안에서 표준화는 국가교육과정, 학년제 등의 형태로 구현되었고, 분업화와 전문화는 관료제 형태로 발현되어 학년 및 교과를 기준으로 한 업무 분장으로 나타났습니다. 교육의 원형Prototype을 학습자가 개인별 소질과 적성에 맞는 학습을 하는 측면에서 바라봤을 때, 대량교육 시스템 하에서 이와 같은 교육의 본질이 적지 않게 훼손되었다고 볼 수 있습니다.

학교는 오랫동안 '평균의 함정'에 빠졌습니다. 표준화된 교육과정은 학습자의 수준이나 속도와 무관하게 연령에 따라 규정됐습니다. 또한, 교실 안의 학생 개개인은 컨베이어 벨트에서 낱개의 제품이 조립되듯 1년 단위로 진급과 진학을 하게 됩니다. 여기에서 간과할 수 없는 중요한 사실은 대량교육 시스템에서는 '학습 주체'인 학생이 '교육 대상'으로 객체화된다는 것입니다. 교육과정을 중심으로 한 학교 운영은 평균을 지향하고 있고, 학습 내용·속도·방법은 평균적인 학생을 가정하고 구성되어 있습니다. 학생 개개인의 특성을 외면한 채, 평균적 신체 사이즈로 맞춘 옷을 모두에게 입도록 한다면 결국 모두가 맞지 않는 옷을 입게 되는 형국을 초래하게 됩니다. 마찬가지로 실제 학교 현장에 적용되고 있는 교육과정은 평균을 지향하고 있기 때문에 학생 모두에게 맞지 않는 교육이 이뤄지고 있다고 볼 여지가 있습니다. 결과적으로, 학교에서 많은 학생이 수업에서 소외될 수 있습니다. 세계적으로 평균의 함정에 빠져있는 학교를 혁신하고자 하는 노력이 지속되어 온 바 있으나, 이의 구현은 제한되어 있는 교육 재정이라는 현실에 직면해 대부분 실패로 끝이 났습니다. 요컨대 학교가 평균의 함정으로부터 벗어날 수 있는 대안이 절실한 상황이라 할 수 있습니다.

학교교육의 문제를 해결하기 위한 방안으로 교육 분야의 첨단 기술 활용 가능성에 대해 관심이 높아지고 있습니다. 과거에 비해 더욱 효과적으로 개인별 맞춤형 학습을 구현할 수 있을 것이라는 관점에서 교육에서의 첨단 기술 활용이 활발하게 논의되고 있는 것입니다. 특히 AI 기반의 지능형 튜터링 시스템Intelligent Tutoring System, ITS는 평균의 함정에 빠진 학교를 개선할 수 있는 방법론으로 주목받고 있습니다. 여기서 ITS는 학생들의 학습 과정과 결과 데이터를 바탕으로 맞춤형 교육을 지원할 수 있는 도구입니다. 개인별 데이터를 분석해서 학습자의 수준을 진단하고, 서로 다른 목표를 달성시킬 수 있도록 학습자를 맞춤형으로 지원할 수 있게 됩니다. 이는 벤자민 블룸Benjamin Bloom의 완전학습 모형에 기반을 두고 학습자에게 필요한 시간과 경로를 추천하는 것이라 할 수 있습니다. 이 같은 ITS의 원리를 실제로 적용한 'AI 보조교사 시스템'은 다양한 방식으로 교수자의 역할을 보조할 수 있습니다. 교수자의 주요 역할인 '수업설계-교수-학습-평가-기록-피드백'의 과정 중 AI 보조교사 시스템의 도움을 받아 개별화한 교육 관리가 가능하다는 것이 가장 큰 강점입니다. 다시 말해 AI 활용 교육의 의미는 AI 보조

교사 시스템을 활용해 교수자 주도의 교육에서 학생 개인별 맞춤형 교육으로 나아갈 수 있다는 것입니다.

하이터치 하이테크High Touch High Tech, HTHT 교육은 인간 교수자가 첨단 기술을 잘 활용하여 개인 맞춤형으로 창의적 학습을 이끌어내는 것입니다. 특히 교육 분야에서 인공지능 등 첨단의 기술을 잘 활용하는 것을 포함합니다. AI의 교육적 활용AI in Education은 학생 개인이 필요로 하는 수준의 학습, 즉 적은 비용으로 맞춤형 개별화 학습을 구현하는 역할을 할 수 있습니다. 현재 에듀테크 산업 분야에서 개발해 다양한 형태로 적용되고 있는 AI 활용 교육 시스템은 학생 수준에 맞춰 성공할 때까지 학습을 지원할 수 있습니다. AI 시대의 미래 교육은 다양한 에듀테크를 활용해 지식을 학습하고, 이를 기반으로 창의적 교육이 이루어지는 하이브리드 러닝Hybrid learning으로 정의할 수 있습니다. 이는 AI 기술을 적극 활용하되 교육은 교수자 주도로 학생들과 함께 이루어질 수 있도록 하는 것으로 이를 교수자와 함께하는 하이터치High Touch 교육, 에듀테크 기술을 활용한 하이테크High Tech 교육의 결합으로 정의할 수 있을 것입니다. 즉, 모든 학생이 학습에 성공하고 각자 역량을 기를 수 있는 교육이 바로 미래 교육이 지향해야 할 방향입니다.

플립러닝에 기반한 HTHT 교육

HTHT 교육은 학교에서 전통적으로 이루어지고 있는 교육 방법을 거꾸로 뒤집는다는 의미의 플립러닝Flipped learning에 기반하고 있습니다. 전통적인 교육은 학생들이 수업 시간에 새로운 지식과 정보를 처음으로 접하고, 이해한 내용을 바탕으로 문제 해결 과정에 지식을 활용하는 순서로 진행됩니다.

하지만 플립러닝은 수업 시간 이전에 자율적으로 수업 내용을 먼저 학습하고 실제 수업 시간에는 학생들이 스스로 학습한 내용을 바탕으로 교수자와 함께 공동으로 문제 해결과 활동을 수행하는 교육 방법을 말합니다. 플립러닝은 학습하는 과정에서 교수자와 학생 모두가 전보다 적극적으로 참여하여 학습 효과를 높일 수 있다는 점에서 긍정적인 평가를 받고 있습니다. 이와 같은 플립러닝이 이루어지는 일반적인 과정은 아래의 내용과 같습니다.

1. 사전학습
학생들은 새로운 지식과 정보를 동영상이나 별도의 자료로 스스로 사전학습한다. 이를 통해 학생들은 새로운 지식과 정보를 스스로 이해하는 선행 학습을 한다.

2. 본 수업 시간
수업 시간에는 학생들은 선행 학습한 내용을 바탕으로 교수자와 함께 문제 해결 활동을 수행한다. 이를 통해 학생들은 스스로 생각하고 학습한 내용을 활용하며, 교수자와 다른 학생들과 함께 공동으로 문제를 해결하는 경험을 쌓을 수 있다.

3. 후속 학습

수업 이후 추가적인 학습이 필요한 부분을 스스로 확인하고, 개별적으로 보충 학습을 수행한다. 이를 통해 학생들은 자신의 학습 능력을 강화하고, 보다 높은 학습 성취도를 달성할 수 있다.

이러한 플립러닝은 전통적인 학습 방식과 비교할 때 차별성을 갖고 있습니다.

첫째, 학습 시간의 활용 면입니다. 종전의 학습 방식은 수업 시간에 새로운 개념과 이론을 설명하고, 학생들이 문제를 풀고 실습을 하는 것이었습니다. 반면, 플립러닝은 수업 이전에 먼저 스스로 학습하고, 수업 시간에는 학생들이 스스로 학습한 내용을 바탕으로 교수자와 함께 공동으로 문제 해결과 활동을 수행하게 됩니다.

둘째, 학생 중심의 학습이 강조됩니다. 이제까지의 학습 방식에서는 대체로 교수자가 수업을 주도하고, 학생들은 교수자가 설명한 내용을 따라가는 형태로 수업이 진행되었습니다. 하지만, 플립러닝에서는 학생들이 스스로 학습 내용을 파악하고 문제를 해결하며, 학생이 중심이 되어 수업이 진행됩니다.

셋째, 개인별 학습이 가능한 적응형 학습입니다. 플립러닝은 교수자가 학생들의 수준과 능력에 맞게 문제를 제시함으로써 학생들이 스스로 문제를 해결하도록 지원합니다. 이 같은 과정을 통해 학생들은 자신에게 적합한 학습 방식을 찾으며 학습할 수 있게 됩니다.

넷째, 자기주도형 맞춤형 학습입니다. 학습 내용을 스스로 파악하고, 문제를 해결하는 과정을 거쳐 학생들은 자신의 학습 능력에 따라 개별적인 학습 계획을 수립하고, 자기주도적 학습을 할 수 있게 됩니다.

다섯째, 학습 효과의 증대입니다. 플립러닝을 함으로써 학생들은 스스로 생각하고 학습하는 기회를 얻게 되고, 학습 효과를 높일 수 있게 됩니다. 이뿐만 아니라 교수자는 학생들의 학습 내용을 파악하고, 보충 학습 등 개별적인 지도를 제공할 수 있게 됩니다.

HTHT 교육은 플립러닝의 방식을 활용하되 사전학습에 동영상뿐 아니라 다양한 맞춤형 학습 시스템을 활용하는 것입니다. 사전학습은 동영상을 통해서도 이루어질 수 있지만 인공지능과 빅데이터 기반의 지능형 튜터링 시스템ITS 을 활용하면 지식의 이해와 암기에 더 큰 도움을 받을 수 있습니다. 사전학습 과정에서 첨단 기술을 활용하여 맞춤형 교육을 구현하는 것을 하이테크High Tech 교육이라고 할 수 있습니다.

학습자의 수준을 정확하게 진단하여 완전 학습 기회를 제공하고 학습의 성과에 대해서도 확인할 수 있습니다. 최근 들어 하이테크 교육을 지원하는 다양한 시스템이 개발되고 있습니다. 특히 한국의 교육부에서는 교과서를 디지털화하여 맞춤형 학습이 가능한 형태인 '디지털 교과서Digital textbook'을 학교에 보급할 계획으로 있습니다. ChatGPT는 그 자체로 사전학습에 활용되거나 지능형 튜터링 시스템의 성능을 높이는 솔루션으로 시스템에 탑재될 수도 있습니다.

하이터치High Touch 교육은 사전학습, 본 수업, 후속 학습의 과정에서 학습자의 교육 성과를 이끌어내는 교수자의 역할을 의미합니다. 아무리 좋은 교육자료와 시스템이 있어서도 학생의 학습 동기가 부족하다면 교육의 성과를 기대하기 어렵습니다. 개인별 목표를 설정하고 학습 계획을 수립하는 자기주도적 학습을 이끌어주는 역할이 무엇보다 중요합니다. 이를 위해서는 개별 학생에 대한 정확한 진단 데이터가 필요한데 이를 AI 보조교사가 도와주는 것이라고 할 수 있습니다.

본 수업에서는 교수자가 창의적 학습에 이를 수 있도록 지식을 바탕으로 적용Apply, 분석Analyze, 평가Evaluate, 창조Create의 고차원적 학습 경험을 할 수 있도록 진행하는 것이 필요합니다. 이를 위해 토론, 문제 기반 학습, 프로젝트 학습 등의 다양한 창의적 교육 방법을 활용할 수 있습니다. 이후의 학습 과정에서 학생들이 학습의 결과를 이후의 학습에 이어갈 수 있도록 전이Transfer될 수 있도록 지원하는 역할을 수행해야 합니다.

하이터치 하이테크 교육은 교수자가 다양한 첨단 기술을 활용하여 학생 중심의 학습을 구현하는 새로운 교육 방식을 의미합니다. 학생들이 스스로 질문하고 타인과 소통하는 과정 속에서 자신의 생각을 더욱 발전시키고 깊이 이해할 수 있도록 교육할 수 있습니다.

ChatGPT는 하이터치 하이테크 교육의 과정에서 교수자를 돕는 역할과 함께 학습자를 지원하는 역할도 수행할 수 있다는 점에서 미래 교육의 중요한 도구로 활용될 것으로 전망합니다.

ChatGPT를 활용한
대화형 학습 진화

대화형 학습의 개념

대화형 학습은 학습자와 학습 시스템이 대화를 통해 지식을 교환하고 공유하는 학습 방법을 의미합니다. 그리고 대화형 강의는 학습자와 강의 시스템 간의 대화를 통해 학습을 진행하는 방법을 의미합니다. 대화형 학습과 대화형 강의 방법은 인공지능, 기계학습 및 자연어 처리 기술의 발전으로 가능해졌습니다. 대화형 학습과 대화형 강의에서는 학습자가 질문을 던지면 학습 시스템, 강의 시스템은 이를 이해하고 적절한 답변을 생성합니다. 이때 학습 시스템과 강의 시스템은 인간의 언어를 이해하고 처리하는 능력이 필요하며, 이를 위해 자연어 처리 기술이 사용됩니다. 시스템에서 생성된 답변은 학습자에게 제공되어, 학습자는 이를 평가하고 추가적인 질문이나 정보를 제공하여 대화를 이어갈 수 있습니다. 또한, 학습자와 학습 시스템 혹은 강의 시스템 간의 상호작용을 통해 학습자의 필요에 맞춘 맞춤형 지식을 제공할 수 있게 됩니다. 이를 통해 학습자들은 개인적으로 필요한 지식을 빠르게 습득하고, 보다 효과적인 학습 경험을 얻을 수 있게 됩니다.

ChatGPT를 활용한 대화형 학습 시스템의 진화

대화형 학습이란, 사용자와 인공지능 모델 사이에서 대화를 통해 지식을 공유하고 학습하는 방법을 의미합니다. ChatGPT를 사용한 대화형 학습은 일반적으로 다음과 같은 과정을 따릅니다. 우선, 사용자는 ChatGPT와 대화를 시작합니다. 사용자가 ChatGPT에게 질문을 던지면, ChatGPT는 자연어 처리 기술을 사용하여 이를 이해하고 적절한 답변을 생성합니다. 사용자는 생성된 답변을 평가하고 추가적인 질문이나 정보를 제공하여 대화를 이어갑니다. 이러한 대화를 반복하면서 ChatGPT는 사용자로부터 받은 피드백을 기초로 학습하여 점차 나은 답변을 만들게 됩니다.

이와 같은 대화형 학습을 통해 ChatGPT는 실제 사용자들이 가지는 다양한 질문과 답변에 노출되면서, 현실적이고 유용한 지식을 학습할 수 있게 됩니다. 이를 통해 ChatGPT는 보다 정확하고 신뢰성 높은 답변을 생성할 수 있게 되며, 사용자는 더욱 효과적으로 지식을 습득할 수 있습니다. 인공지능 기술을 활용한 대화형 학습 시스템의 사례로는 다음과 같은 것들을 들 수 있습니다.

1. OpenAI의 GPT-3 모델을 활용한 대화형 수학 문제 풀이
OpenAI에서는 GPT-3 모델을 활용하여 수학 문제 풀이를 위한 대화형 인터페이스를 개발하였다. 이를 통해 학생들은 수학 문제를 제시하고, GPT-3 모델에게 적절한 답변을 얻을 수 있으며, 필요에 따라 추가적인 질문을 하거나 설명을 요청할 수 있다.

2. Knewton의 Knewton Alta
Knewton은 인공지능 기술을 활용하여 대화형 학습 서비스인 Knewton Alta를 개발하였다. 이 서비스는 학생들이 각자의 학습 수준에 맞춘 맞춤형 학습 계획을 수립하고, 이에 따라 학습을 진행할 수 있게 도와준다. 학생들은 강의 시간에 학습한 내용에 대해 GPT를 활용하여 질문하고, 적절한 답변을 얻을 수 있다.

3. Duolingo의 AI 챗봇
Duolingo는 GPT를 활용하여 AI 챗봇을 개발하였다. 이 챗봇은 학생들이 언어 학습에 대해 질문하면, 적절한 답변을 제공하고, 이를 바탕으로 학생들이 보다 효과적인 언어 학습 경험을 할 수 있게 지원한다.

2부 보조교사가 된 ChatGPT 활용법

앞서 살펴본 대화형 학습지원 시스템에 새로운 ChatGPT를 활용한다면 대화형 학습 시스템이 더욱 진화할 수 있을 것입니다. 특히 학생들이 보다 개인화된 학습 경험을 할 수 있고, 필요한 정보에 대해 더 깊이 이해할 수 있습니다.

ChatGPT를 활용한 대화형 강의 시스템의 진화

ChatGPT를 활용한 대화형 강의는 인공지능 언어 모델인 ChatGPT를 활용하여 질문-응답 형식으로 수업을 진행하는 방법입니다. 이 방법은 온라인 강의 등에서 사용될 수 있으며, 학습자가 자신의 질문을 ChatGPT 모델에게 던지면 모델은 자연어 처리 기술을 사용하여 이를 이해하고, 적절한 답변을 생성합니다. 이렇게 생성된 답변은 학습자에게 전달되어, 학습자는 이를 바탕으로 더 깊은 이해를 얻을 수 있습니다. 대체로 대화형 강의에서는 학습자가 ChatGPT 모델과 대화를 통해 질문을 하고, 모델이 이에 대한 답변을 제공합니다. 이때 학습자는 모델에게 자신의 의견이나 추가적인 질문을 제공하여 대화를 이어갈 수 있습니다. 이러한 대화를 통해 학습자는 보다 개인화된 학습 경험을 할 수 있으며, 필요한 정보에 대해 더욱 깊이 있는 이해를 얻을 수 있습니다. ChatGPT를 활용한 대화형 강의는 강의 규모와 무관하게 개인화된 학습 경험을 제공할 수 있는 장점이 있습니다. 또한, 학습자와 모델 간의 상호작용을 통해 모델은 질문에 대한 답변을 개선하고, 보다 정확하고 유용한 정보를 제공할 수 있게 됩니다. 이러한 인공지능 기술을 활용한 내화형 학습이 이루어진 강의에는 다음과 같은 것들이 있습니다.

1. Georgia Tech의 AI 강의

Georgia Tech에서는 인공지능 기술을 활용하여 인공지능 강의를 대화형으로 제공한다. 학생들은 강의 내용에 대해 질문을 던지고, 적절한 답변을 얻을 수 있다.

2. MIT의 데이터 과학 강의

MIT에서는 인공지능 챗봇을 활용하여 대화형 데이터 과학 강의를 제공한다. 학생들은 데이터 분석, 머신러닝, 딥러닝 등과 관련된 질문을 챗봇에게 던지고, 적절한 답변을 얻을 수 있다.

3. UC Berkeley의 AI 강의

UC Berkeley에서는 챗봇을 활용하여 인공지능 강의를 대화형으로 제공한다. 학생들은 강의 내용에 대해 질문을 던지고, 적절한 답변을 얻을 수 있다.

위에서 언급한 강의들은 모두 인공지능 기술 기반의 챗봇을 활용하여 대화형 학습을 적용한 강의입니다. 이를 통해 학생들은 필요한 정보에 대해 더 깊이 있는 이해를 얻을 수 있게 됩니다. 또한, 학생들은 적절한 피드백을 받으며, 개인화된 학습 경험을 할 수 있습니다. 대화형 학습지원 시스템에 새로운 ChatGPT 기술을 적용한다면 더욱 진화된 형태로 대화형 강의 시스템이 진화해 나갈 것이라 예상됩니다.

ChatGPT를 활용한
글쓰기 교육의 혁신

ChatGPT를 활용한 글쓰기 교육의 개념

ChatGPT를 활용한 글쓰기 교육은 인공지능 언어 모델인 ChatGPT를 사용하여 학습자의 글쓰기 역량을 향상시키는 것이 목적입니다. ChatGPT는 기계학습 알고리즘을 사용하여 대량의 텍스트 데이터를 분석하고 이를 기반으로 자연어 생성 및 이해 능력을 향상시킨 인공지능 모델입니다. 따라서 실제 글쓰기 교육에서 ChatGPT가 생성한 텍스트를 분석하고 수정하여 보다 괜찮은 표현이나 구조를 생각할 수 있게 됩니다. 이뿐만 아니라 ChatGPT가 제공하는 정보를 활용해 필요한 정보를 더욱 신속하게 수집하고 요약할 수 있습니다.

ChatGPT는 글쓰기 기술을 개선하는 데 많은 도움을 제공할 수 있습니다. ChatGPT는 자동으로 문법 오류나 표현상의 문제를 발견하고 수정할 수 있습니다. 이를 통해 학습자는 더 나은 표현으로 작문할 수 있습니다. ChatGPT를 활용한 글쓰기 교육은 글쓰기를 좀 더 효율적으로 연마하고, 창의적인 아이디어를 발굴하며, 효과적인 정보 수집과 요약을 가능케 합니다. 이상에서 나열한 이점들은 글쓰기 교육에서 ChatGPT의 활용 가능성을 높이고, 학습자들이 글쓰기 기술을 개선할 수 있다는 시사점을 제공합니다.

ChatGPT를 활용한 글쓰기 교육의 사례

ChatGPT를 활용한 글쓰기 교육의 현장에서 적용 가능한 사례를 정리하면 다음과 같습니다.

첫째, ChatGPT를 활용한 작문 과제입니다. 학생들에게 ChatGPT가 생성한 텍스트를 기반으로 새로운 글을 쓰도록 하는 과제를 부여할 수 있습니다. 학생들은 ChatGPT가 제시한 내용을 바탕으로 자신만의 글을 작성하여 창의성을 높이고 글쓰기와 연관된 기술을 개선할 수 있습니다.

Q. ChatGPT를 통한 작문 과제를 부여받았습니다. ChatGPT와 미래

교육의 관계에 대한 서론을 구체적으로 작성해 주세요.

A.   네, ChatGPT와 미래교육의 관계에 대한 서론을 작성해 드리겠습니다.

인공지능 기술의 발전으로 인해 현재 우리는 새로운 세상으로의 발걸음을 내딛고 있습니다. 이에 따라 교육 분야도 기술적 변화에 발맞추어 변화하고 있습니다.

　미래 교육이란 학생 중심의 교육과정과 협력적인 학습 방법 등 기존 교육 방식에 비해 더욱 다양하고 창의적인 교육 방식을 의미합니다. 이러한 교육 방식을 실현하기 위해 인공지능 기술은 중요한 역할을 할 것으로 예상됩니다. 인공지능 기술은 학생 개개인의 학습 패턴을 파악하고 맞춤형 학습 자료를 제공함으로써 학생들이 더욱 효과적으로 학습할 수 있도록 돕고 학생들의 창의성과 문제 해결 능력을 높이는 데에도 큰 도움을 줄 것으로 기대됩니다.

　ChatGPT는 학생들이 글쓰기와 관련된 작문 과제를 수행하는 데 사용될 수 있습니다. ChatGPT는 인간처럼 문장 구조와 문법을 파악하고 자연스러운 문장을 생성할 수 있어 글쓰기 과제를 수행하면서 ChatGPT의 도움을 받아 자신의 글쓰기 능력을 향상시킬 수 있습니다. 또한, ChatGPT를 이용하여 학생들이 작성한 글쓰기 자료를 자동으로 평가하고 피드백을 제공함으로써 학생들의 학습 효율성을 높일 수 있습니다.

　따라서, ChatGPT와 같은 인공지능 기술은 미래 교육에서 중요한 역할을 할 것으로 기대됩니다.

둘째, ChatGPT를 활용하여 본인이 작성한 글의 문법적 오류를 찾고 표현을 개선할 수 있습니다. ChatGPT의 도움을 받아 작성한 문장의 문법 오류를 발견해 표현을 개선할 수 있는 사례를 살펴보면 다음과 같습니다.

Q. 문법 오류가 있는 문장의 예시를 들어 주세요.

A. She don't like coffee. (don't 대신에 doesn't를 사용해야 함)

정정 : She doesn't like coffee.

They was going to the store. (was 대신에 were를 사용해야 함)

정정 : They were going to the store.

Me and him are going to the game. (Me and him 대신에 He and I를 사용해야 함)

정정 : He and I are going to the game.

The cat chased it's tail. (it's 대신에 its를 사용해야 함)

정정 : The cat chased its tail.

I seen that movie last night. (seen 대신에 saw를 사용해야 함)

정정 : I saw that movie last night.

Q. 문법 오류가 있는 한글 문장의 예시를 들어 주세요.

A. "나는 학교에 가고 점심 먹었다."라는 문장이 있습니다. 이 문장은 "나는 학교에 갔고 점심을 먹었다." 또는 "나는 학교에 가서 점심을 먹었다."와 같이 '가고' 대신 '갔고'나 '가서'로 수정해야 합니다.

또 다른 예시로는 "저는 국어 공부 잘 하지 않다."가 있습니다. 이 문장은 "저는 국어 공부를 잘 하지 않습니다."와 같이 '공부' 뒤에 '를'을 추가해야 합니다.

이처럼 문법적으로 올바르지 않은 문장은 의미를 제대로 전달하지 못할 수 있으므로 올바른 문법 사용에 주의해야 합니다.

셋째, 학생들은 ChatGPT를 사용하여 원하는 주제에 대한 정보를 수집하고 요약할 수 있습니다. 이를 통해 학생들은 새로운 아이디어를 발굴할 수 있습니다. 글을 쓰고자 하는 주제와 연관된 정보의 수집과 요약이 이루어지는 과정을 사례로 제시하면 다음과 같습니다.

Q. 'ChatGPT의 등장과 글쓰기 평가'라는 주제로 글을 작성해야 하는 상황입니다. 이와 관련된 정보를 최소한 5가지 이상 수집해 알려 주세요.

A. 네, 'ChatGPT의 등장과 글쓰기 평가'에 대한 정보를 최소 5가지 이상 수집해 보았습니다.

OpenAI에서 개발한 GPT-3(Generative Pre-trained Transformer 3)는 가장 큰 언어 모델 중 하나로, 인공지능을 이용한 글쓰기 평가와 생성 분야에서 혁신적인 발전을 이룩했습니다.

GPT-3는 이전에 개발된 GPT-1, GPT-2 등의 모델들보다 더욱 많은 양의 데이터를 학습하고, 더 복잡한 구조와 알고리즘을 사용하여 인간과 유사한 글쓰기를 수행할 수 있습니다.

GPT-3는 일반적인 언어 모델 뿐만 아니라, 번역, 요약, 질문-답변, 대화 생성 등 다양한 자연어 처리 태스크에서 높은 성능을 보여주고 있습니다.

글쓰기 평가에서 GPT-3 모델의 성능은 펄플렉서티나 BLEU 등의 지표를 사용하여 측정됩니다. 이러한 평가 지표를 이용하여 모델의 생성 문장의 일관성과 자연스러움 등을 평가할 수 있습니다.

GPT-3의 등장은 글쓰기, 번역, 대화 등 다양한 분야에서 자연어 처리 기술의 발전과 인공지능의 활용 가능성을 보여주고 있습니다. 향후 더욱 발전된 인공지능 기술을 활용하여 자연어 처리 분야에서 새로운 혁신과 발전이 이루어질 것으로 기대됩니다.

Q. 제시한 질문에 대해 매우 상세하게 알려주셔서 감사합니다. 수집된 위의 자료를 3줄로 요약해 주세요.

A. 네, 수집된 자료를 3줄로 요약해 드리면 다음과 같습니다.

GPT-3는 대규모 데이터와 복잡한 구조 및 알고리즘을 통해 자연어 처리 분야에서 혁신적인 발전을 이룩한 언어 모델이다.

GPT-3는 글쓰기, 번역, 대화 생성 등 다양한 분야에서 높은 성능을 보이며, 평가 지표를 통해 생성 문장의 일관성과 자연스러움 등을 평가할 수 있다.

GPT-3는 자연어 처리 기술의 발전과 인공지능의 활용 가능성을 보여주고, 향후 새로운 혁신과 발전이 이루어질 것으로 기대된다.

넷째, 학생들은 ChatGPT가 제시하는 주제나 이야기를 바탕으로 자신만의 이야기를 창의적으로 작성할 수 있습니다. 이를 통해 학생들은 창의성을 발휘하고 자신만의 글쓰기 스타일을 개발할 수 있습니다. ChatGPT의 개인화된 피드백을 통해 창의적인 글을 쓰는 과정을 실제 사례로 제시하면 다음과 같습니다.

Q.   "아침에 눈을 뜨니 해야 할 일이 떠올랐다. 당장 오늘 언제, 어디서, 누구와 무엇을 어떻게, 왜 해야 하는지에 대해 생각해 보고 집을 나서기로 하였다."라는 문장을 더 창의적으로 쓰고 싶습니다.

A.   아침 해가 뜨기 전, 나의 두 눈은 이미 하루의 여정을 떠올리며 떠나려 하고 있었다. 무슨 일을 언제, 어디서, 누구와 함께, 왜 하게 될지를 고민하며 단단한 의지를 다잡았다. 마음을 다잡고 밖으로 나서자, 그 순간 나는 또 다른 모험을 시작하게 되는 것이다.

ChatGPT를 활용한 글쓰기 교육의 방법은 위와 같은 것들이 있으며, 학생들은 이를 통해 다양한 글쓰기 기술을 습득하고, 발전시킬 수 있습니다.

3장   실제 교육 현장에서 ChatGPT 사용하기

/imagine prompt: artificial intelligence, students and teachers, educational innovation, group learning, classroom

수업 전:
ChatGPT를 활용한 수업 설계

학습 목표와 내용 설정

ChatGPT를 활용하면 학습 목표를 수립하는 데 유용한 정보를 생성하거나 분석할 수 있습니다. 수업의 구체적인 계획을 수립하기 전에 ChatGPT를 활용하여 유사한 수업 내용을 분석하거나 관련 텍스트를 수집하고, 이를 바탕으로 학습 목표를 수립할 수 있습니다. 교수자가 학습 주제나 내용에 대한 설명을 간단하게 입력하는 것만으로 학습 목표가 만들어지기 때문에 교수자가 수작업으로 검색하고 분석하는 것보다 간편하고 빠른 시간 내에 학습 목표를 수립할 수 있습니다. 예를 들어 교육혁신이라는 주제로 수업을 개설하고자 하는 경우 ChatGPT로부터 다음과 같은 학습 목표와 관련된 정보를 제공받을 수 있습니다.

Q. 교육혁신 교과목에 대한 학습 목표를 알려 주세요.

A. ① 교육혁신에 대한 이해: 교육혁신의 개념, 특징, 필요성, 장단점 등에 대한 이해를 목표로 합니다. 이를 통해 학생들은 교육혁신에 대한 전반적인 이해를 갖게 됩니다.

② 교육기술의 이해와 활용: 교육기술의 개념, 종류, 활용 방법, 장단점 등에 대한 이해를 목표로 합니다. 이를 통해 학생들은 교육기술을 적극적으로 활용할 수 있는 능력을 갖게 됩니다.

③ 혁신적인 교육 방법의 이해와 개발: 혁신적인 교육 방법의 개념, 특징, 개발 방법 등에 대한 이해를 목표로 합니다. 이를 통해 학생들은 창의적이고 혁신적인 교육 방법을 개발할 수 있는 능력을 갖게 됩니다.

④ 교육혁신의 사례 연구: 교육혁신 사례 연구를 통해 현실적인 문제들을 해결하며, 적극적인 창의성을 기를 수 있는 능력을 갖게 됩니다.

⑤ 혁신적인 교육 환경 구성: 혁신적인 교육 환경을 구성하기 위한 방법, 기술, 시스템 등에 대한 이해를 목표로 합니다. 이를 통해 학생들은 혁신적인 교육 환경을 구성할 수 있는 능력을 갖게 됩니다.

⑥ 교육정책의 이해와 분석: 교육정책의 개념, 분석 방법, 영향 등에 대한 이해를 목표로 합니다. 이를 통해 학생들은 교육정책을 이해하고, 분석할 수 있는 능력을 갖게 됩니다. 이러한 목표를 통해 학생들은 교육혁신에 대한 이해와 관심을 갖게 되며, 창의성과 혁신적인 사고력을

기를 수 있는 능력을 갖게 됩니다.

ChatGPT를 활용하면 학습 목표를 설정하는데 도움이 되는 자료를 지원받을 수 있습니다. 교수자는 지원 받은 다양한 자료를 활용하여 학습 목표를 설정할 수 있으며 다양한 학문 분야의 학습 목표 설정도 가능합니다. ChatGPT는 또한 학습자 중심의 학습 목표를 수립하는 데 도움이 될 수 있습니다. 예를 들어 '초등학생 수준에서', '대학생 수준에서'를 포함하여 ChatGPT에 질문하면 학습자들의 관심사나 수준에 맞춘 수업을 계획할 수 있으며, 학습자들의 참여와 활발한 토론을 유도할 수 있는 학습 목표 관련 자료를 지원받을 수 있습니다.

ChatGPT를 활용하여 학습 목표를 설정하는 것은 많은 장점이 있으나, 학습 목표를 설정할 때는 다양한 요소를 고려해야 하기 때문에 ChatGPT만으로 완벽한 결과를 얻을 수는 없습니다. ChatGPT와 같은 인공지능 기술을 활용하여 학습 목표를 설정하는 경우에도 교수자의 전문적인 지식과 경험이 필요합니다. ChatGPT로 학습 목표에 대한 정보를 제공받은 경우 교수자는 내용을 검토해야 합니다. ChatGPT가 생성한 학습 목표를 확인하고, 해당 내용이 실제 학습 목표에 부합하는지, 학습자들의 수준에 맞는지, 그리고 필요한 선행 지식이나 기술을 충분히 갖추었는지, 문법에 맞는 문장인지, 오타가 있는지 등에 대한 검토가 필수적입니다. 다음으로 ChatGPT가 생성한 학습 목표를 학습자들에게 제시하고, 학습자들이 이해하는 데 어려움이 있는 부분이 있는지 평가합니다. 이를 기반으로 피드백을 제공하여 학습 목표를 보완해야 합니다.

학습 목표에 대한 질문은 구체적일수록 좋습니다. ChatGPT로 생성된 학습 목표가 모호한 경우, 목표를 보다 구체적으로 수정해야 합니다. 예를 들어, 목표를 '학생들이 생각하는 능력을 향상시키기 위해' 대신 '학생들의 비판적 사고력을 향상시키기 위해'와 같이 구체적으로 수정할 수 있습니다. 학습 목표가 지나치게 일반적인 경우에는 학습 목표를 단계별로 구분하여 구체화할 수 있습니다. 예를 들어, '학생들이 영어 독해 능력을 향상시키기 위해' 대신 '학생들의 영어 독해 능력의 기본 단계인 문장 구조 파악 능력을 향상시키는 데에 집중하여 학습'과 같이 세부적인 목표로 수정할 수 있습니다. 마지막으로 ChatGPT가 생성한 학습 목표를 달성하기 위한 구체적인 활동을 제시하는 것도 좋은 방법입니다. 예를 들어, '학생들이 각자의 레벨에 맞는 영어 독서를 할 수 있도록 도와주는 방법', '독해 연습 시간을 마련해주는 방법' 등을 제시하여 학습자들이 목표를 달성할 수 있도록 돕는 것이 중요합니다.

ChatGPT를 활용하여 학습 목표에 부합하는 학습 내용을 구성하는 도움을 받을 수 있습니다. 먼저 학습 목표를 설정한 후에 ChatGPT를 이용하여 학습 목표와 관련된 키워드를 수집합니다. 이를 통해 학습 목표와 관련된 내용을 자동으로 생성할 수 있습니다. 이때 생성된 학습 내용이 학습 목표와 밀접한 관련이 있는 내용으로 생성되었는지 검토하여야 합니다. 다음으로 생성된 학습 내용을 분류하고, 핵심 내용을 정리할 필요가 있습니다. 이를 통해 학습자들은 학습 내용을 보다 쉽게 이해하고 학습 목표에 더욱 가깝게 접근할 수 있습니다. 다음으로 분류 및 정리된 학습 내용을 기반으로 학습 목표에 부합하는 학습 내용을 구성합니다. 이때 적절한 예시나 연습 문제, 애니메이션, 동영상 등을 활용하여 학습자들의 이해를 돕는 교수자의 추가적인 노력이 필요합니다.

마지막으로 학습 내용을 평가하여 학습자들이 학습 목표를 달성했는지 파악합니다. 이를 통해 학습 내용을 보완하고, 보다 유용한 학습 내용을 제공할 수 있습니다. 이러한 방법으로 학습 내용을 설계하여 학습자들이 보다 쉽고 빠르게 학습 목표를 달성할 수 있도록 도와줄 수 있습니다. 또한, 학습 내용의 자동 생성과 분류, 정리를 통해 교수자가 학습 내용을 보다 쉽게 구성하고, 시간과 비용을 절약할 수 있습니다. ChatGPT를 활용하여 중학생을 대상으로 한 '교육혁신에 대한 이해'라는 목표에 맞는 학습 내용을 구성한 예시는 다음과 같습니다.

Q. 중학생을 대상으로 '교육혁신에 대한 이해'라는 목표에 맞는 학습 내용을 구성해 주세요.

A. 중학생을 대상으로 '교육혁신에 대한 이해'라는 목표에 맞는 학습 내용은 다음과 같이 구성될 수 있습니다.

① 교육혁신 개념 소개: 교육혁신이란 무엇인지 정의하고, 교육혁신이 필요한 이유를 이해합니다.

② 교육과정 변화 이해: 기존 교육과정과 교육혁신을 통해 변화된 교육과정의 차이점을 이해하고, 교육과정의 변화에 대한 의의를 파악합니다.

③ 교육 방법 변화 이해: 기존 교육 방법과 교육혁신을 통해 변화된 교

육 방법의 차이점을 이해하고, 적극적인 참여를 통한 학습의 중요성을 배웁니다.

④ 정보기술 활용 이해: 정보기술의 발전이 교육혁신에 미치는 영향을 이해하고, 정보기술을 활용하여 학습과 평가를 수행하는 방법에 대해 학습합니다.

⑤ 현장 사례 분석: 국내외 교육혁신 사례를 분석하고, 그 결과를 토대로 교육혁신이 교육 현장에 미칠 수 있는 영향을 이해합니다.

⑥ 창의적 문제 해결 능력 배양: 교육혁신을 통해 배양되는 창의적 문제 해결 능력의 중요성을 이해하고, 실제 문제 상황에서 문제를 해결하는 방법을 학습합니다.

위와 같은 학습 내용을 중학생들에게 제공함으로써, 교육혁신에 대한 이해를 증진시키고, 창의적 문제 해결 능력을 배양하는 데에 도움을 줄 수 있습니다. 이를 통해 학생들은 현재와 미래의 교육과정, 교육 방법, 평가 방법 등에 대한 이해를 향상시키고, 학교 생활에서 활용할 수 있는 유용한 능력을 갖출 수 있습니다.

ChatGPT를 통해 학습 내용을 구성한 경우 학습 목표와 마찬가지로 교수자의 검토가 필요합니다. 먼저 학습 목표와 학습 내용이 일치하는지 확인합니다. 다음으로 ChatGPT가 생성한 내용이 학습자의 수준에 맞는지와 명확한 설명이 포함되어 있는지, 학습자가 현실에서 유용하게 활용할 수 있는 내용인지 등을 검토합니다. 마지막으로 ChatGPT가 생성한 학습 내용이 부적절하거나 부족한 부분이 있는 경우, 수정 및 보완이 필요합니나. 이를 위해서는 교수자가 자신의 전문적인 지식과 경험을 활용하여 학습 내용을 보완하고, 추가적인 자료나 설명 등을 제공할 수 있습니다.

위와 같은 방법으로 교수자는 ChatGPT가 생성한 학습 내용을 검토하고, 필요한 경우 수정 및 보완하여 학습 내용을 보다 완성도 있게 구성할 수 있습니다. ChatGPT를 통해 학습목표에 부합하는 학습 내용을 생성하였다면 학습자에게 잘 소개해야 합니다. ChatGPT를 활용하여 생성한 학습 내용과 관련하여 학습자가 궁금한 점을 물어보면 ChatGPT가 다시 답변을 제공하고, 이러한 과정을 통해 학습자가 보다 적극적으로 학습에 참여할 수 있도록 유도할 수 있으며 더 나아가 후속 학습 내용에 대해 미리 숙지할 수 있는 시간을 가질 수 있습니다.

학습 자료의 구성

좋은 학습 자료는 학습자가 학습 목표에 도달할 수 있도록 구성되어야 하며 흥미를 가지고 학습할 수 있도록 유도해야 합니다. 기본적으로 학습 자료는 명확한 목적을 갖고 체계적으로 구성되어야 합니다. 이와 함께 학습자의 동기 부여를 위해 흥미로운 내용을 담고 있어야 합니다. 학습자의 흥미를 높이기 위해 그림, 도표, 차트 등을 적극적으로 활용하여 학습 자료를 시각적으로 보기 좋게 만드는 것이 효과적입니다. 시각적인 자극은 학습자의 이해도와 기억력에 큰 영향을 미칩니다.

학습자의 수준에 따른 난이도를 고려하는 것도 중요한 부분입니다. 너무 쉽거나 어려운 내용은 학습자의 학습 흥미를 떨어뜨리고 학습 효과를 저해할 수 있습니다. 학습 자료는 학습자와 상호작용할 수 있는 기능을 제공하는 것도 중요합니다. 예를 들어, 학습자가 질문에 답하거나 문제를 푸는 등의 방식으로 상호작용을 하면 학습자의 참여도와 학습효과를 높일 수 있습니다. 학습 자료는 학습을 위한 자료로 그치는 것이 아니라 평가와 피드백에 활용하는 것이 바람직합니다. 학습자가 학습을 종료했을 때, 자신의 학습 성과를 평가하고 피드백을 받을 수 있다면, 학습자의 학습 성과와 학습 효과가 개선될 수 있습니다.

ChatGPT를 통해 학습 자료를 생성할 경우 학습 내용에 맞는 키워드 수집 및 수집된 키워드 기반 학습 자료 구성, 학습 자료의 흐름 검토, 학습자 피드백 반영의 과정이 진행됩니다. 우선 특정 학습 내용에 맞는 학습 자료를 구성하기 위해 학습 내용에 대한 키워드를 ChatGPT를 통해 추출할 수 있습니다. '교육혁신이 필요한 이유'에 대한 학습 내용의 키워드를 추출해 보면 다음과 같습니다.

Q. 교육혁신이 필요한 이유에 대한 학습 자료를 만들기 위한 키워드를 추출해 주세요.

A. 교육 시스템의 한계, 산업혁명과 교육의 관계, 기술 발전과 교육의 변화, 빅데이터와 교육, 4차 산업혁명과 교육, 학습자 중심 교육의 필요성, 창의적 문제 해결 능력의 중요성, 글로벌 경쟁력 강화의 필요성, 새로운 교육 방법론과 기술의 필요성, 혁신적인 교육 체제의 필요

성, 취업 시장 변화에 대한 교육의 대응, 교육 리더십의 역할과 중요성, 혁신적인 교육 사례와 교훈, 교육 혁신의 장점과 효과, 미래 교육의 방향성

ChatGPT를 통해 추출한 키워드를 바탕으로 학습자료 생성을 위한 자료를 수집합니다. 앞서 추출한 '교육 시스템의 한계'라는 키워드에 대한 ChatGPT가 생성한 내용은 다음과 같습니다.

Q. 교육 시스템의 한계에 대해 설명해 주세요.

A. ① 학습자의 다양성 무시: 교육 시스템은 일반적인 학습자를 대상으로 설계되어 있기 때문에 학습 성향, 능력, 흥미 등에 따라 차이가 있는 학습자들의 다양성을 반영하지 못하는 경우가 많습니다.

② 평가 체계의 한계: 교육 시스템은 평가를 통해 학습 성과를 측정하고, 이를 기반으로 진로나 대학 진학 등의 선택을 결정하는 경우가 많습니다. 하지만 이러한 평가 체계는 학습자의 능력, 역량, 창의성 등을 측정하지 못할 수 있으며, 학습자의 성장과 발전을 제한할 수 있습니다.

③ 교수자의 역량 부족: 교육 시스템은 교수자를 중심으로 구성되어 있기 때문에 교수자의 역량이 교육의 질과 성과에 큰 영향을 미칩니다. 그러나 교수자들의 전문성과 역량이 부족하면 학습자들의 창의성과 능력을 촉진할 수 있는 교육이 이루어지기 어려울 수 있습니다.

④ 내용 중심의 교육 방식: 교육 시스템은 과목별 내용을 가르치는 내용 중심의 교육 방식이 일반적입니다. 그러나, 이러한 내용 중심의 교육 방식으로는 창의적인 생각, 문제 해결 능력, 협력적인 학습 등을 발전시키기 어렵다는 문제가 있습니다.

이러한 교육 시스템의 한계로 인해 교육혁신은 필요하게 되며, 더 나은 교육을 위한 새로운 방식과 체제가 필요하게 됩니다.

생성한 학습 자료를 바탕으로 ChatGPT를 통해 질문의 내용과 깊이를 확장함으로써 학습 자료를 풍부하게 구성할 수 있습니다.

Q. 교육시스템의 한계 중 학습자의 다양성이 무시되는 부분이 있습니다. 해당 내용에 대해 설명 및 예시를 알려 주세요.

A. 교육 시스템은 일반적인 학습자를 대상으로 설계되어 있기 때문에, 학습자의 다양성을 반영하지 못하는 경우가 많습니다. 이는 학습자의 능력, 흥미, 배경, 문화, 경제적 상황, 성격 등의 차이에 따라 발생할 수 있습니다. 이러한 다양성이 무시되면 학습자들은 자신에게 맞지 않는 교육 방법을 받게 되어, 학습에 대한 흥미가 떨어지고 동기가 저하될 수 있습니다.

다양성이 무시되는 대표적인 예시 중 하나는 학습자의 학습 성향입니다. 일부 학습자들은 청각적인 학습 선호도가 높은 반면, 시각적인 학습 선호도가 높은 학습자들도 있습니다. 이러한 경우, 강의를 듣는 학습 방법보다는 시각적인 자료를 이용한 학습 방법이나 청각적인 자료를 이용한 학습 방법이 더 효과적일 수 있습니다. 하지만 대부분의 강의나 수업에서는 시각적인 자료나 청각적인 자료를 함께 제공하지 않는 경우가 많습니다. 또 다른 예시는 학습자의 배경이나 문화에 따른 차이입니다. 예를 들어, 한국에서 태어나서 자란 학생들과 외국에서 태어나서 자란 학생들은 문화적인 차이가 있을 수 있습니다.

따라서 교육 시스템에서는 학습자의 다양성을 고려한 교육 방법을 제공하는 것이 중요합니다. 학습자의 다양성을 고려하여 강의나 수업을 진행하면, 학습자들은 보다 효과적으로 학습을 할 수 있으며, 학습에 대한 흥미와 동기 부여도 높일 수 있습니다.

ChatGPT를 활용하여 학습 자료를 수집하였다면, 수집된 자료의 흐름을 검토해 보아야 합니다. 학습 자료는 학습자들이 쉽게 이해하고 학습할 수 있도록 일정한 흐름을 갖추어야 합니다. 이를 위해서는 학습 자료의 전체적인 구조와 내용을 검토해야 합니다.

먼저 전체적인 구조와 내용 검토를 위해 목차를 검토합니다. 목차를 검토하여, 각 학습 단계가 순서대로 연결되어 있는지, 학습 내용에 일관성이 있는지, 학습 자료의 주요 내용이 명확히 드러나는지 등을 확인합니다. 목차 검토가 끝나면 학습 자료에서 핵심적인 내용이 명확히 드러나도록 구성합니다. 학습자가 핵심적인 내용을 빠르게 파악할 수 있도록 강조하고 그래프나 이미지 등을 이용하여 내용을 시각화하는 방법을 활용할 수 있습니다. 다음으로 ChatGPT를 통해 생성 및 수집된 자료의 일관성에 대해 검토합니다. 예를 들어, 같은 개념이나 용어가 일관성 있게 사용되었는지, 설명이 모호한 부분이 있는지 등을 확인해야 합니다. 마지막으로 학습 자료에 예시와 문제를 포함시켜 학습자가 내용을 실제적으로 이해하고 활용할 수 있도록 돕습니다. 이 과정에서는 예시와 문제의 질적 수준과 양을 검토하여, 학습자가 문제를 해결할 수 있는 능력을 키울 수 있도록 합니다. 위와 같은 방법들을 이용하여 학습 자료의 흐름을 검토하고 보완할 수 있습니다. 이를 통해, 학습자들이 보다 쉽게 내용을 이해하고, 학습에 참여할 수 있도록 지원할 수 있습니다.

ChatGPT를 통해 구성한 학습 자료를 학습자에게 제공한 후, 학습자의 피드백을 수집하고 반영하는 것이 중요합니다. 이를 위해 학습 자료를 미리 학습자에게 배포하여 검토하도록 유도합니다. 학습 자료를 미리 확인한 학습자들은 수업을 듣기 전에 학습 내용을 알 수 있고 수업을 더 잘 이해할 수 있습니다. 학습 자료 배포 시 학습 자료에 포함된 핵심 내용을 간략하게 요약하여 학습자가 한눈에 파악할 수 있도록 합니다. 학습자들은 요약된 내용을 보고 학습 자료 전체를 더욱 자세히 검토할 수 있습니다. 학습 자료에 목차를 포함시켜 학습자들이 학습 자료의 구성을 파악할 수 있도록 합니다. 목차는 학습 자료의 구성 요소들을 구분함으로써 학습자가 쉽게 학습 자료를 찾아갈 수 있도록 도와줍니다. ChatGPT로 생성된 학습 자료는 텍스트로만 이루어져 있기 때문에 학습 자료에 그림이나 표 등을 삽입하여 핵심 내용을 시각적으로 이해할 수 있도록 도울 필요가 있습니다. 학습자는 그림이나 표 등을 통해 핵심 내용을 쉽게 이해할 수 있으며, 학습 자료의 구성을 더욱 명확하게 파악할 수 있습니다.

학습자의 피드백은 페이퍼로 작성 및 제출하는 방식일 수도 있고 교수자와 대화를 통해 이루어질 수도 있습니다. 학습자가 제공한 피드백을 종합한 다음, 학습 자료를 보완하는데 필요한 내용을 추출합니다. 학습자의 피드백에 따라 학습 자료를 추가하거나, 학습 자료 내용의 일부를 변경하거나, 그림이나 도표 등을 추가하여 학습 자료를 개선할 수 있습니다. 학습자의 피드백을 반영하여 수정된 학습 자료를 다시 학습자에게 제공하는 것도 참고할 수 있는 방법입니다. 이러한 방법을 통해 학습자는 학습자의 피드백이 반영되어 이전보다 개선된 학습 자료로 학습함으로써 학습 성과를 향상시킬 수 있습니다.

맞춤형 학습 자료의 제공

맞춤형 학습은 학습자의 개인적인 학습 특성과 수준에 맞게 학습을 진행하는 방법으로 학습자 중심 학습을 가능하게 합니다. 이는 학습자가 학습 과정에 적극적으로 참여하고, 자신의 학습 특성에 맞게 학습하며, 학습자의 자기주도적 학습 능력을 향상시킬 수 있습니다. 맞춤형 학습을 통해 학습자가 이해할 수 있는 수준에서 학습을 진행하므로, 학습자의 이해도와 학습 효과가 향상되며 과도한 학습 부담을 덜 느끼게 됩니다. 이는 학습자들의 학습에 대한 부정적인 인식을 감소시키고, 학습자들의 학습 동기를 부여하고 참여도를 높입니다.

맞춤형 학습 자료를 제작하기 위해서는 학습자의 학습 수준을 파악하는 것이 중요합니다. 학습자의 수준에 맞지 않은 학습 자료를 제공하면 학습 효과가 떨어질 수 있습니다. 따라서 학습자의 지식 수준, 학습 능력, 학력 수준, 선호하는 학습 방법, 학습 스타일 등을 파악하는 것이 중요합니다. 예를 들어, 시각적으로 자극받는 학습자라면 그래픽이 많이 들어간 학습 자료를 제공하는 것이 좋을 수 있습니다.

맞춤형 학습 자료 제공을 위해 사전 조사 및 진단평가를 실시하여 현재 개별 학습자들의 학습 수준을 파악해야 합니다. 이때, ChatGPT와 같은 인공지능의 도움을 받아 진단평가 자료를 제공할 수 있습니다.

먼저 ChatGPT를 활용하여 학습자의 수준에 맞는 문제를 생성할 수 있습니다. ChatGPT는 대량의 텍스트 데이터를 학습하여 문장의 패턴을 학습하고, 입력된 정보를 기반으로 새로운 문장을 생성하는 능력을 가지고 있습니다. 따라서 입력한 연령, 학년, 학습 내용 등에 따라 해당 학습자에게 맞는 문제를 생성할 수 있습니다. ChatGPT를 활용해 교수자는 학습자의 현재 인지적 학습 수준을 파악하기 위해 다양한 문제를 생성하고 이를 통해 학습자 수준을 진단하는데 활용할 수 있습니다. ChatGPT를 활용하여 생성한 문제의 예시는 다음과 같습니다.

Q. 초등학교 5학년 수학 약수와 배수 문제와 해설을 만들어 주세요.
A. 약수는 어떤 수를 나누어 떨어지게 하는 수이고, 배수는 어떤 수의 배가 되는 수입니다. 예를 들어, 12의 약수는 1, 2, 3, 4, 6, 12이고 12의

배수는 12, 24, 36, 48, ...입니다.

① 27과 48의 최대 공약수는 얼마인가요?

　　27의 약수: 1, 3, 9, 27

　　48의 약수: 1, 2, 3, 4, 6, 8, 12, 16, 24, 48

　　27과 48의 공약수: 1, 3

　　공약수 중에서 가장 큰 수는 3입니다.

② 16의 약수 중에서 4의 배수의 개수는 몇 개인가요?

　　16의 약수: 1, 2, 4, 8, 16

　　4, 8, 16은 4의 배수이므로, 4의 배수인 16의 약수는 3개가 있습니다.

ChatGPT는 특정 주제에 대한 배경 지식이 충분하다면 해당 주제에 대해 다양하고 창의성이 높은 문제를 생성할 수 있습니다. 뿐만 아니라 학습자의 성취 수준에 따라 적절한 난이도와 문제 유형을 제공하여 현재의 학습 수준 파악에도 활용할 수 있습니다. 하지만 ChatGPT는 모델이 학습하지 않은 주제나 문제 유형에 대해서는 정확도가 낮거나 적절하지 않은 문제를 생성할 수 있습니다. 또한, 생성된 문제가 다양하고 창의적이더라도, 학습자들이 실제 시험에서 마주치게 될 문제와 다른 유형의 문제일 가능성도 있습니다. 이러한 이유로 ChatGPT를 활용하여 생성한 문제는 교수자나 전문가의 검수와 수정이 필요하며, 학습자의 수준과 교육 목적에 따라 적합한 문제가 아닐 수 있으므로 신중하게 사용해야 합니다.

ChatGPT를 활용하여 문제를 생성할 뿐만 아니라 학습 선호도나 학습 습관을 파악하는데 도움을 받을 수 있습니다. ChatGPT를 활용하여 생성한 학습자의 학습 선호도와 학습 습관을 파악하기 위한 체크리스트는 다음과 같습니다.

Q. 학습자 학습 선호도 파악을 위한 문항을 만들어 주세요.

A. ① 학습할 때 어떤 방법이 좋으신가요?

a) 책 읽기 b) 인터넷 검색 c) 동영상 강의 시청 d) 스마트폰 앱 사용 e) 기타

② 학습할 때 가장 중요하게 생각하는 요소는 무엇인가요?

a) 내용 이해도 b) 난이도 적절함 c) 흥미로운 주제 d) 쉽게 접근 가능한 자료 e) 기타

③ 학습을 돕기 위해 가장 효과적인 방법은 무엇이라고 생각하시나요?

a) 실습과 실험 b) 문제 해결과 토론 c) 프로젝트 학습 d) 게임, 시뮬레이션 등 인터랙티브한 자료 이용 e) 기타

④ 학습할 때 사용하는 기기나 툴 중 가장 편리한 것은 무엇인가요?

a) 노트북/데스크톱 컴퓨터 b) 스마트폰 c) 태블릿 d) 인터넷 검색 엔진 e) 기타

⑤ 학습할 때 가장 어려운 것은 무엇인가요?

a) 난이도가 높은 내용 이해 b) 시간 관리 어려움 c) 동기 부족 d) 집중력 유지 어려움 e) 기타

⑥ 학습 자료의 디자인이나 구성에서 가장 중요하게 생각하는 요소는 무엇인가요?

a) 색상과 레이아웃 b) 이미지와 그래픽 c) 폰트와 텍스트 크기 d) 내용과 구성의 일관성 e) 기타

⑦ 학습에 있어서 가장 좋은 피드백은 무엇인가요?

a) 즉각적인 피드백 b) 상세한 피드백 c) 개인화된 피드백 d) 모범 답안 제공 e) 기타

Q. 학습자 학습 습관을 파악을 위한 문항을 만들어 주세요.

A. ① 공부할 때 주로 하는 행동은 무엇인가요? (예: 필기, 메모, 읽기, 듣기 등)

② 공부를 할 때 주로 언제 공부를 하나요? (예: 아침, 오후, 밤 등)

③ 공부를 할 때 어디서 공부를 하나요? (예: 도서관, 집, 학교, 카페 등)

④ 공부를 할 때 몇 시간 정도 공부를 하나요?

⑤ 어떤 종류의 공부가 가장 재미있게 느껴지나요? (예: 수학, 국어, 영어, 과학 등)

⑥ 어떤 종류의 공부가 가장 어려운 것 같나요?

⑦ 공부를 할 때 어떤 방법으로 공부를 하나요? (예: 문제 풀기, 요약 정리, 영상 시청 등)

⑧ 자기 계발을 위해 어떤 방법으로 학습을 하고 있나요? (예: 책 읽기, 강의 수강, 인터넷 검색 등)

위와 같이 맞춤형 학습 자료 제공을 위한 학습자 이해에 ChatGPT를 활용할 수 있습니다. 학습자의 전반적인 학습 선호도 및 습관뿐만

아니라 키워드를 더욱 구체화하여 세부 과목별 학습 선호도 및 습관에 대한 체크리스트를 생성할 수도 있습니다.

ChatGPT를 통해 학습자들의 현재 학습 수준과 학습 선호도 및 습관에 대한 파악이 이루어졌다면, 개별 학습자의 맞춤형 학습 자료 제공을 위해서도 ChatGPT의 도움을 받을 수 있습니다. 학습자의 인지적 학습 수준을 파악한 후 해당 학습자가 어떤 분야에 집중해 학습할 필요가 있는지 선정합니다. 예를 들어, 수학의 경우, '분수', '방정식', '기하학' 등과 같은 분야를 선정할 수 있습니다. ChatGPT를 활용하여 해당 학습 목표에 따른 맞춤형 문제를 생성합니다. 이때, 학습자의 수준에 맞추어 문제 난이도를 조절하고, 학습자가 자주 틀리는 유형의 문제를 우선적으로 제공합니다. 생성된 문제는 ChatGPT를 활용하여 해설 및 문제 풀이 방법 등의 도움을 추가할 수 있습니다. 이를 통해 학습자가 자신의 학습 수준에 맞춰 스스로 학습을 진행할 수 있도록 도와줄 수 있습니다. 문제 제공 후 학습자가 틀린 문제를 분석하고, 학습자의 이해도와 수준에 따라 문제의 어려운 부분을 찾아낸 후 보완합니다. 틀린 문제에 대한 피드백을 제공하고 학습자가 자주 틀리는 문제를 다시 학습할 기회를 제공하여 학습자가 학습 내용을 이해할 수 있도록 도움을 줍니다.

학습자의 인지적 영역뿐만 아니라 학습 선호도나 습관에 따른 교수-학습 방법에 대한 정보를 ChatGPT로부터 제공받을 수 있습니다.

Q. 평소에 책 읽기를 좋아하고 태블릿 사용을 선호하는 학생에게 수

획을 가르칠 때 어떠한 방식으로 가르치는 것이 효과적일까요?

A. ① 디지털 수학 교재 활용: 태블릿을 활용하여 디지털 수학 교재를 제공하면 학생들이 수학적인 개념을 쉽게 시각화하고 이해할 수 있습니다. 수학 교재에는 수학 개념을 쉽게 설명하고 예시 문제와 해답을 제공하므로 학생들이 자신의 수준에 맞게 학습할 수 있습니다.

② 수학 교육 앱을 활용하기: 좋아하는 책을 읽는 것처럼 수학 교육 앱을 활용하여 수학 공부를 즐길 수 있도록 도와줄 수 있습니다. 수학 교육 앱은 시각적인 요소를 활용하여 수학적 개념을 이해할 수 있도록 도와주고 게임이나 퍼즐과 같은 형태로 학습을 재미있게 만들어 줍니다.

③ 적극적인 문제 해결: 태블릿을 활용하면 학생들이 적극적으로 문제 해결을 할 수 있습니다. 학생들이 태블릿을 활용하여 스스로 문제를 풀어보고 궁금한 점이나 어려운 부분이 있다면 온라인 상의 커뮤니티나 교육 앱 내의 질문 기능을 이용하여 물어볼 수 있습니다.

지금까지 살펴본 바와 같이 맞춤형 학습 자료 제공을 위해 ChatGPT가 큰 도움이 될 수 있습니다. 하지만 ChatGPT를 활용한 맞춤형 교육 자료 제공에도 여전히 한계가 있습니다. 일부 학습자는 인터넷이나 디지털 기술에 대한 접근성이 낮거나, 인공지능에 기반한 학습에 관한 관심이 없어 적용에 제한이 있을 수 있습니다. 또한, ChatGPT는 자연어 처리 기술을 기반으로 하기 때문에 일부 문제에서 오류가 발생할 수 있습니다. 이러한 한계점을 극복하려면 교수자의 적극적인 검토와 수정이 필요합니다.

Tip. ChatGPT를 활용한 학습 선호도 파악 체크리스트

ChatGPT를 활용하여 생성한 학습자의 학습 선호도 파악을 위한 체크리스트를
다음과 같은 자료로 만들어 학습자에게 제공할 수 있습니다.

학습 선호도 조사

이름:

① 학습할 때 어떤 방법이 좋으신가요?
a) 책 읽기 b) 인터넷 검색 c) 동영상 강의 시청 d) 스마트폰 앱 사용
e) 기타:_____

② 학습할 때 가장 중요하게 생각하는 요소는 무엇인가요?
a) 내용 이해도 b) 적절한 난이도 c) 흥미로운 주제 d) 쉽게 접근 가능한 자료
e) 기타:_____

③ 학습을 돕기 위해 가장 효과적인 방법은 무엇이라고 생각하시나요?
a) 실습과 실험 b) 문제 해결과 토론 c) 프로젝트 학습
d) 게임, 시뮬레이션 등 인터랙티브한 자료 이용 e) 기타:_____

④ 학습할 때 사용하는 기기나 툴 중 가장 편리한 것은 무엇인가요?
a) 노트북/데스크톱 컴퓨터 b) 스마트폰 c) 태블릿 d) 인터넷 검색 엔진
e) 기타:_____

⑤ 학습할 때 가장 어려운 것은 무엇인가요?
a) 난이도가 높은 내용 이해 b) 시간 관리 어려움 c) 동기 부여 부족
d) 집중력 유지 어려움 e) 기타:_____

⑥ 학습 자료의 디자인이나 구성에서 가장 중요하게 생각하는 요소는 무엇인가요?
a) 색상과 레이아웃 b) 이미지와 그래픽 c) 폰트와 텍스트 크기 d) 내용과 구성의 일관성
e) 기타:_____

⑦ 학습에 있어서 가장 좋은 피드백은 무엇인가요?
a) 즉각적인 피드백 b) 상세한 피드백 c) 개인화된 피드백 d) 모범답안 제공
e) 기타:_____

수업 시간: ChatGPT로 수업하기

교육내용 개선 지원

ChatGPT로 기존 교육내용을 개선할 수 있습니다. ChatGPT를 활용하여 현재 교육내용의 한계점을 파악하고, 이를 보완하여 더욱 효과적인 교육을 제공합니다. 교수자는 학습자를 위해 교육내용을 구성한 뒤 해당 교육내용의 개선이 필요한 부분을 ChatGPT를 통해 점검할 수 있으며, 개선 방안에 대한 정보를 얻을 수 있습니다. 다음은 학교폭력 발생 후 대응 방법에 대한 ChatGPT의 피드백입니다.

Q. 다음의 학교폭력 발생 후 대응 방법에 대한 교육내용으로 개선할 부분이 있습니까?

　학교폭력이 일어난 경우, 부모는 자녀의 힘든 마음을 들어주고, 상담교사에게 이야기하고 도움을 구할 수 있도록 지지해 줄 필요가 있습니다. 그러나 자칫 피해자가 가해자의 친구들로부터 따돌림 등 또 다른 폭력이나 지속적인 피해에 노출될 때는 자녀가 담임교사나 상담교사에게 상담을 받을 수 있도록 적극적으로 도와주어야 합니다.

A. 위의 학교폭력 대응 방법에 대한 교육내용은 일부 개선할 부분이 있습니다.

　먼저, 부모가 자녀의 힘든 마음을 들어주고, 상담교사에게 이야기하고 도움을 구할 수 있도록 지지하는 것은 올바른 대응입니다. 그러나 이어지는 내용에서 "자칫 피해자가 가해자의 친구들로부터 따돌림 등 또 다른 폭력이나 지속적인 피해에 노출될 때는 자녀가 담임교사나 상담교사에게 상담을 받을 수 있도록 적극적으로 도와주어야 한다."라는 내용이 추가됩니다. 이 부분은 개선이 필요합니다.

　학교폭력 대응 방법에 대한 교육내용에는 적극적으로 도와주어야 하는 대상에 대한 내용뿐만 아니라 가해자에 대한 대처 방법 또한 포함되어야 합니다. 또 적극적으로 도움을 주는 주체에 대한 내용도 포함되어야 합니다. 즉 대응 방법 교육내용에는 가해자에 대한 대처 방법과 함께 담임교사나 상담교사의 역할에 대한 내용도 포함되어야 합니다.

ChatGPT는 학습자 수준에 맞도록 내용을 재구성할 수도 있습니다. ChatGPT는 입력된 내용의 문맥과 언어적 특성 등을 바탕으로 응답을 생성합니다. 따라서 학습자 연령을 고려하여 입력된 내용을 분석하고 학습자의 수준에 맞게 적절한 응답을 생성할 수 있습니다. 입력된 내용에 포함된 전문 용어나 어려운 표현을 쉬운 용어나 구체적인 예시를 통해 설명하거나, 보다 간단하게 요약하는 등의 방법으로 학습자의 이해를 도울 수 있습니다. 초등학교 수준에 맞춰 더 간단하고 쉬운 단어와 문장을 사용하여 설명할 수 있으며, 대학 수준으로 더 전문적인 용어와 복잡한 구조로 설명할 수 있습니다.

Q. 다음 대명사의 개념을 초등학교 저학년이 이해할 수 있도록 쉽게 설명해 주세요.
대명사(代名詞, 영어: Pronoun)는 품사 중의 하나로 명사나 수사 등의 체언을 대신해서 쓰이는 품사이다.
A. 대명사란 같은 말을 반복하지 않고 다른 말로 대신하는 단어입니다. 예를 들어, "민준이는 학생입니다. 민준이는 공부를 잘합니다."에서 '민준'이 반복적으로 사용됩니다. 두 번째 '민준'을 대신해서 '그'를 사용하면 "민준이는 학생입니다. 그는 공부를 잘합니다."가 됩니다. 이렇게 '민준'을 대신하는 단어인 '그'가 바로 대명사입니다.

ChatGPT는 교육내용에 대해 설명하고, 관련 지식과 정보를 제공하여 학습자가 이해하는 데 도움을 줍니다. 학습자의 질문에 답하고, 추가 정보나 예시를 제공하여 개념을 더욱 명확하게 설명할 수도 있습니다. 예를 들어, 학습자가 어려워하는 수학 문제를 입력하면 ChatGPT는 해당 문제와 관련된 수학 개념 및 문제 해결 방법 등을 학습자가 이해하기 쉬운 방식으로 재구성합니다. 교수자는 학습자와 ChatGPT의 상호작용을 관찰하여 학습자가 어떤 어려움을 겪고 있는지 파악할 수 있습니다. 이를 통해 교육내용을 개선할 수 있습니다.

Q. 27과 48의 최대 공약수는 얼마인가요? 정답과 각 개념에 대해 자세히 설명해 주세요.

A. 27과 48의 최대 공약수는 3입니다.

두 수의 최대 공약수는 두 수를 나누어 떨어지게 하는 가장 큰 자연수입니다. 최대 공약수를 구하는 방법은 여러 가지가 있지만, 가장 일반적인 방법은 유클리드 호제법(Euclidean algorithm)을 사용하는 것입니다. 유클리드 호제법은 두 수의 나머지를 이용하여 최대 공약수를 구하는 방법입니다.

27과 48의 최대 공약수를 구하는 과정은 다음과 같습니다.

48을 27로 나눕니다.

$48 \div 27 = 1 \dots 21$

위 식에서 27(나누는 수)을 21(나머지)로 다시 나눕니다.

$27 \div 21 = 1 \dots 6$

위 식에서 21(나누는 수)을 6(나머지)으로 다시 나눕니다.

$21 \div 6 = 3 \dots 3$

위 식에서 6(나누는 수)을 3(나머지)으로 다시 나눕니다.

$6 \div 3 = 2 \dots 0$

나머지가 0이 되면, 그 때의 나누는 수가 최대 공약수가 됩니다. 따라서, 27과 48의 최대 공약수는 3입니다.

세부적인 학습 내용을 개선하기 위한 정보뿐만 아니라, 교육내용 전반에 대한 혁신의 방향성 수립을 위해서도 ChatGPT를 활용할 수 있습니다. 정해진 교육과정으로 인하여 교수자가 교과 및 학습 내용을 전면 개편할 수는 없으나, 지속적으로 ChatGPT를 활용하여 교육내용의 개선 방향성을 숙지하고 알리는 것도 필요합니다.

Q. 한국의 디지털 리터러시 교육내용의 한계, 개선점을 알려 주세요.
A. 한국의 디지털 리터러시 교육내용의 한계는 다음과 같습니다.
디지털 리터러시 교육내용이 과도하게 이론 중심으로 구성되어 있어 실제 문제 해결 능력 강화에 한계가 있습니다. 기존의 컴퓨터 활용 교육에서 벗어나지 못하고 디지털 세계에서 필요한 전문성과 능력 중심의 교육이 미흡합니다. 학교에서 이루어지는 교육내용이 기존에 있던 전문가 중심이기 때문에 학생들의 관심을 끌어내기 어렵습니다. 디지털 리터러시 교육은 일반적으로 선택과목으로 구성되어 있어 학생들의 의무감이 부족해질 수 있습니다. 대부분의 디지털 리터러시 교육이 컴퓨터의 사용법에 초점을 맞추고 있어 디지털 시대에 요구되는 창의적이고 비판적인 사고, 문제 해결 능력, 정보 검색 및 분석 능력 등을 갖추지 못한 채 취업 시장에 진출하게 됩니다. 디지털 리터러시 교육의 대상이 주로 어린 학생들이라 대학이나 일자리에서 요구되는 디지털 리터러시 수준과는 큰 차이가 있습니다. 교육과 실무의 연계가 떨어져 실제 산업 현장에서 요구되는 디지털 리터러시와는 다른 교육이 이루어지고 있습니다.

한국의 디지털 리터러시 교육의 개선점은 다음과 같습니다. 이론 중심 교육에서 실제 문제 해결 능력 강화 교육으로 전환해야 합니다. 코딩 교육, 블록 코딩 교육 등 디지털 기술과 관련된 전문성과 능력 중심의 교육을 강화해야 합니다. 학생들의 관심을 끌어내기 위해 학생들이 자주 사용하는 디지털 기기를 활용한 교육이 필요합니다. 필수교육으로 편성하여 학생들의 의무감을 높여야 합니다. 컴퓨터 사용법만이 아닌 문제 해결 능력, 창의적이고 비판적인 사고, 정보 검색 및 분석 능력 등을 갖추도록 교육 방향을 바꿔야 합니다. 디지털 리터러시 교육 범위를 대학이나 일자리에서도 요구되는 수준까지 확대해야 합니다. 교육과 실무가 연계되도록 실제 산업 현장에서 요구되는 디지털 리터러시와 융합되는 교육이 이루어지도록 해야 합니다. 디지털 리터러시 교육이 학교뿐만 아니라 가정에서도 이루어지도록 학부모들도 디지털 리터러시 교육에 적극적으로 참여할 수 있도록 해야 합니다.

교수법 개선 지원

ChatGPT는 교수자가 자신의 수업에 적용할 수 있는 교수법과 관련된 정보를 제공할 수 있습니다. 예를 들어, 교수자가 학습자에게 난도가 높은 개념을 가르치는 방법이 궁금하다면, ChatGPT는 관련 교수법에 대한 개요와 예시, 학습 자료 등을 제공하여 교수법을 개선하는 데 도움을 줄 수 있습니다. 또한, ChatGPT는 최신 교육 연구 및 데이터를 기반으로 한 교육 방법과 관련된 정보를 제공하여 교수자가 현재의 교육 방법을 개선할 수 있도록 도울 수 있습니다. 먼저 교수자는 해당 학습 내용을 가르치기 전에 ChatGPT로부터 효과적인 교수법에 대한 정보를 제공받을 수 있습니다.

Q. 수학의 분수 개념을 초등학생에게 가르치기 위한 효과적인 교수법을 알려 주세요.

A. 분수 개념을 가르치기 위해서는 시각적인 도구나 그림 등을 활용하여 추상적인 개념을 이해할 수 있도록 돕는 것이 효과적입니다. 아래는 초등학생에게 추천하는 분수 교수법입니다.

① 분수 개념의 이해를 위한 시각적 도구 활용

　분수 개념의 이해를 돕기 위해 블록, 조약돌, 막대기 등을 활용하여 시각적으로 분수 개념을 이해하도록 돕습니다.

② 그림으로 분수 개념 설명

분수 개념을 이해하기 위해 그림을 그려 설명합니다. 분자와 분모의 개념, 분수의 크기 비교, 분수의 덧셈과 뺄셈 등을 그림으로 보여줍니다.

③ 게임을 활용한 학습

학습 게임을 통해 분수 개념을 학습할 수 있습니다. 분수 크기 비교나 분수의 덧셈, 뺄셈을 게임으로 학습할 수 있습니다.

④ 실생활에서 분수 활용하기

초등학생들이 일상생활에서 분수를 사용할 수 있도록 하는 것이 도움이 됩니다. 예를 들어, 피자, 케이크 등을 나누는 상황에서 분수의 개념을 활용하도록 유도합니다.

Q. 분수 개념을 이해하기 위해 초등학생을 대상으로 시각적 도구를 활용하고자 합니다. 사례를 자세히 설명해 주세요.

A. 분수 개념을 이해하는 데 시각적 도구를 활용하는 것은 효과적인 방법 중 하나입니다. 아래는 초등학생을 대상으로 시각적 도구를 활용한 분수 개념 학습 사례입니다.

① 분수의 개념 설명

분수는 물건을 몇 등분으로 나누었는지를 나타내는 수입니다. 분자는 몇 등분을 선택했는지, 분모는 전체를 몇 등분으로 나누었는지를 나타냅니다.

② 쉽게 그릴 수 있는 도형을 이용한 학습

초등학생은 도형을 그리는 것을 좋아합니다. 이를 활용하여 분수

개념을 이해할 수 있습니다. 예를 들어, 원을 그리고 원을 6개의 부채
꼴로 6등분 되도록 하는 선을 그립니다. 이때, 부채꼴 하나는 ⅙을 나타
냅니다.

③ 구체적인 예시를 들어 설명하기

　　초등학생들에게 "이 케이크를 4등분하면 어떻게 될까요?"라는
질문을 하고, 이를 시각적으로 보여주면서 분수 개념을 설명합니다. 이
후, "1조각을 먹었다면 얼마나 남았을까요?"라는 질문으로 초등학생
들이 분수를 계산하며 실제 생활에서의 활용 방법을 배울 수 있습니다.

　　ChatGPT를 통해 교수자는 특정 교육내용에 있어 효과적인 최신
교수법에 대한 정보를 제공받을 수 있습니다. 예를 들어 학습 효과 증
진을 위한 교수법으로 활동 중심, 문제 중심, 프로젝트 중심, 협력 학습
중심 등 다양한 교수법 종류와 상세 내용을 제공할 수 있습니다. 최신
교수법을 적용해서 특정 교과내용을 가르치는 방법에 대한 정보도 상
당히 구체적으로 얻을 수 있습니다.

Q. 최근 초등학교 수학 교육에 있어 주목받는 교수법을 알려 주세요.

A. 최근 초등학교 수학 교육에서는 문제 해결 중심 교수법이 주목을
받고 있습니다. 이 방법은 학생들이 직접 문제를 해결하고 자신의 생각
을 통해 수학적 개념을 이해하도록 유도하는 방법입니다. 이를 위해 학
생들은 자신이 알고 있는 것을 이용하며 창의적인 사고를 발휘하면서

문제를 해결하고 그 과정에서 수학적 개념과 관련된 다양한 경험을 쌓게 됩니다. 이러한 교수법은 학생들이 수학에 대한 흥미를 유발하고 동기 부여를 높이는 데 큰 역할을 합니다.

Q. 문제 해결 중심 교수법을 적용하여 초등학생을 대상으로 분수에 대한 수학 개념을 가르치는 예시를 알려 주세요.

A. ① 주어진 문제: 이순신이 12명의 병사에게 식량 60개 중 ⅔의 식량을 나눠줄 때 각 병사가 균등하게 받게 되는 식량은 얼마인가요?

문제 이해: 학생들과 함께 이 문제를 읽고, 이순신이 몇 명의 군사에게 얼마만큼의 식량을 나눠주었는지에 대해 이해하도록 유도합니다.

② 문제 분해: 학생들에게 이 문제를 해결하기 위해 필요한 단계를 함께 생각해 봅니다. 분수 개념이 필요한 부분을 특별히 강조합니다.

③ 문제 해결: 학생들이 각 군사가 받는 식량의 양을 계산해 보도록 유도합니다. 이때, 먼저 전체 식량의 ⅔을 계산하고 12명으로 나누어 1명이 받는 식량의 양을 계산해 나가는 방법을 알려줍니다.

④ 결과 확인: 이순신이 12명의 병사에게 식량 60개 중 ⅔의 식량을 나눠준다는 것은, 전체 식량에서 ⅔만큼인 $(⅔) \times 60 = 40$개의 식량을 군사들에게 나눠준다는 것입니다. 이를 12명의 군사들에게 균등하게 나눠주기 위해, 40개의 식량을 12명으로 나눕니다.

$40 \div 12 = 3 \ldots 4$

즉, 각 병사들이 받게 되는 식량은 3개씩이며, 남은 식량 4개는 군사들 중 일부에게 더 많이 분배하거나 이순신이 가져갈 수 있습니다. 학생들이 계산한 답안이 올바른지 확인합니다. 이 과정에서 학생들은 자신의 답안을 다른 학생과 비교하고 검토하는 것도 중요한 경험이 됩니다. 또한, 병사의 수나 식량의 개수를 바꿔가며 다양한 문제를 만들면 학생들에게 분수 개념을 좀 더 깊이 있게 가르칠 수 있습니다.

ChatGPT는 교수법에 대한 정보를 제공하지만 실제로 교수법을 개선하고 적용하는 것은 교수자의 역량과 노력에 따라 결정됩니다. 교수자가 교수법 개선에 대한 관심이 많다면 자신의 강의를 녹화하거나 녹음함으로써 교수법을 스스로 분석한 뒤 ChatGPT에게 도움을 받을 수 있습니다.

Q. 초등학생을 대상으로 수학의 분수 개념을 가르치는 시간에, 교수자가 다양한 제스처를 통해 학습자들의 시선을 집중시키고 주의력을 향상시키려 합니다. 활용 가능한 예를 제시해 주세요.

A. 초등학생을 대상으로 수학의 분수 개념을 가르치는 시간에 다양한 제스처를 활용하는 것은 학습자들의 시선을 집중시키고 주의력을 높일 수 있습니다. 분수를 가르칠 때, 교수자가 손가락을 이용하여 분자와 분모를 가리는 등의 제스처를 사용할 수 있습니다. 또한, 분수의 개념을 이해하기 어려운 학습자를 위해 교수자는 분수의 크기를 비교하기 위해 손모양을 이용할 수도 있습니다. 예를 들어, 분수 ⅓과 ⅔을 비교할 때, 교수자는 손가락을 이용하여 첫 번째 손가락을 ⅓으로, 두 번째 손가락을 ⅔으로 보여줄 수 있습니다. 이러한 제스처를 통해, 학습자들은

분수의 개념을 시각적으로 이해하고 집중력을 높일 수 있습니다.

Q. 초등학생을 대상으로 수학의 분수 개념을 가르치는 시간에 교수자가 목소리를 바꾸어 학습자들의 시선을 집중시키고 주의력을 향상시키려 합니다. 어느 부분에서 목소리를 바꾸어 강조할까요?

A. ① 분수의 개념에 대한 정의: 분수의 개념을 명확하게 이해할 수 있도록 정의하는 이 부분에서 목소리를 높여 강조할 수 있습니다.

② 분수의 표현: 분수의 표현 방법, 즉 분모와 분자의 의미와 차이점을 설명할 때 목소리를 강조해 주는 것이 도움이 될 수 있습니다.

③ 분수의 크기 비교: 분수끼리 크기 비교를 할 때, 목소리의 높낮이를 조절하여 학습자들의 집중도를 높일 수 있습니다.

④ 분수의 활용: 분수의 활용 방법을 설명할 때, 분수가 어떤 문제에서 사용될 수 있는지 등을 설명할 때, 목소리를 강조하여 학습자들의 이해도를 높일 수 있습니다.

수업 중 개별적 피드백 제공

수업 중에 ChatGPT를 활용하여 효율성을 증진시키는 방법은 다양합니다. ChatGPT는 보조교사로서 교수자가 교과 내용을 잘 전달하고 학습자 개개인에게 집중할 수 있도록 도움을 줍니다.

ChatGPT는 학습자가 제기하는 질문에 대해 자동으로 응답할 수 있습니다. 이를 통해 교수자는 질문에 신속하게 대응하고, 학습자의 이해도를 높일 수 있습니다. 수업을 진행하다 추가적으로 필요한 자료가 생기면 ChatGPT를 이용해 자료를 신속하게 확보할 수 있어 수업 진행의 효율성을 향상시킬 수 있습니다. ChatGPT는 학습자가 작성한 에세이에 대한 피드백을 즉각 제공할 수도 있습니다. 토론 주제에 대한 학습자의 글 또한 ChatGPT에 입력하여 피드백을 제공받을 수 있습니다.

Q.   다음 주장에 대해 피드백을 해 주세요.

"학생들의 스마트폰 사용 금지에 대해 반대합니다. 급박한 일이 생길 경우를 대비해야 하며, 스마트폰 사용 금지가 학생의 스마트폰 중독 문제 해결로 이어지지 않습니다. 이보다 학생들에게 적절한 사용법을 지도하는 것이 중요합니다."

A.   위 주장에 대해 몇 가지 피드백을 제시해 보겠습니다.

1. 급박한 일 대비를 위해 스마트폰 사용이 필요하다는 주장은 합리적입니다. 그러나, 학교에서 스마트폰 사용 제한은 대체로 교실 내에서 적용되는 것으로, 급박한 상황이 생길 경우 교사나 학교 관리자가 적극적으로 대응할 수 있습니다.

2. 최근 코로나19 상황에서는, 학생들의 스마트폰 사용이 적극적으로 활용되고 있습니다. 온라인 수업, 온라인 자료 검색, 학교 공지사항 확인 등에 스마트폰이 필수적인 도구로 사용됩니다. 따라서, 모든 스마트폰 사용을 금지하는 것은 학생들의 학습 능력을 저해할 수 있습니다.

결론적으로, 학생들의 스마트폰 사용 금지에 대한 주장은 일부 합리적인 이유가 있지만, 학생들이 적절한 스마트폰 사용 습관을 가질 수 있도록 교육적인 접근 방식을 택하는 것이 더욱 효과적일 것입니다.

수업 중에 학습자 개개인이 ChatGPT를 활용한다면 학습자는 실시간으로 작업을 검토하고 더 나은 결과물을 만들 수 있습니다. 다수의 학습자가 질문이 있는 상황에도 순서를 기다릴 필요 없이 각자 ChatGPT를 통해 답변을 제공받을 수 있습니다. ChatGPT를 보조 교사로 활용하면 수업 중 별도의 지도가 필요한 학습자가 있는 경우 교수자가 학습자를 개별 지도할 시간을 확보할 수 있습니다.

위와 같은 방법들을 활용하여 ChatGPT를 수업에 적용하면 수업 효율성을 증진시킬 수 있습니다. 이를 통해 학습자는 더욱 효과적인 학습 경험을 할 수 있고, 교수자는 보다 많은 시간을 학습자와의 상호작용과 질문에 대한 대답에 집중할 수 있습니다. 하지만, ChatGPT는 사람의 감정을 인식하거나 상호작용하는 능력이 부족하기 때문에, 전체적인 교육과정 운영에는 한계가 있을 수 있다는 점을 반드시 인식하고 있어야 합니다.

학습자 면담 지원

학습자는 학습 과정에서 다양한 어려움에 직면합니다. 많은 과제, 프로젝트, 시험 등으로 인한 과부하 된 학습자의 학업 스트레스 문제가 심각합니다. 학습자는 높은 기준에 부합해야 하는 것, 경쟁, 비교 등으로 인한 압박을 느끼고 있습니다. 학업적인 측면으로 한정하지 않더라도 수면 부족, 건강, 가정, 새로운 환경에 대한 적응 문제 등 다양한 어려움을 겪을 수 있습니다. 그렇기에 교수자는 학습자가 지식을 잘 습득할 수 있도록 돕는 것 못지않게 생활지도에도 깊은 관심을 두어야 합니다.

다양한 방법을 활용하여 학습자 생활지도를 할 수 있습니다. 기본적으로 교수자는 개별 상담을 통해 학습자의 문제를 파악하고 조언을 제공해야 합니다. 이를 위해서는 교수자와 학습자 간 신뢰관계를 형성하는 것이 중요합니다.

학습자가 학급에 잘 적응할 수 있도록 학급 차원에서 동아리, 행사, 체육대회 등으로 학습자 간 친목을 도모하거나 집단 상담을 통해 학습자가 서로 도움을 주고받을 수 있는 기회를 제공하는 것이 좋습니다. 이를 통해 학습자는 사회성, 자기표현 능력 및 문제 해결 능력을 개선할 수 있습니다.

교수자는 전문적인 교육 프로그램을 제공하여 학습자 생활지도를 할 수 있습니다. 예를 들어 스트레스 관리, 대인관계 형성, 인터넷 사용관리 등의 주제로 프로그램을 제공하여 학습자의 문제 해결 능력을 강화할 수 있습니다. 학습자 생활지도는 대상 학습자를 중심으로 이루어지지만 학부모와의 원활한 소통을 통해 학습자의 문제를 파악하고, 해결 방법을 제시하는 노력도 필요합니다.

ChatGPT는 학습자의 생활지도를 위해 활용할 수도 있습니다. 학습자의 생활지도를 위한 교수자와의 면담에서 교수자는 다양한 영역에 대한 질문으로 학습자의 현재 상태를 파악해야 합니다. ChatGPT를 통해 먼저 학습자의 이해를 위한 다양한 질문을 생성할 수 있습니다. 학습자 지도를 위한 질문을 생성한 뒤 중점 영역에 대한 질문을 더욱 세분화하여 학습자들과 대화를 이어나가는 것이 중요합니다.

Q. 학생의 생활지도를 위해 면담을 할 때, 교수자가 할 수 있는 질문을 알려 주세요.

A. ① 학생의 목표 및 희망: 미래에 대한 목표는 무엇인가요?, 어떤 직업에 관심이 있나요?, 당신이 가지고 있는 재능과 능력을 통해 무엇을 이루고 싶은가요?

② 학업: 가장 좋아하는 과목은 무엇인가요?, 수업에서 어려운 부분이 있다면 무엇인가요?, 공부하는 방법이나 습관은 어떤가요?

③ 대인관계: 가장 친한 친구는 누구인가요?, 친구와 어떤 대화를 나누나요?, 가장 감사한 사람은 누구인가요?

④ 취미 및 여가 활동: 가장 좋아하는 취미나 여가 활동은 무엇인가요?, 이를 통해 무엇을 얻을 수 있는지 궁금합니다., 이를 발전시키기 위해 어떤 노력을 하고 있나요?

⑤ 건강: 올바른 식습관을 갖고 있나요?, 규칙적인 운동 습관이 있나요?, 스트레스 관리를 어떻게 하고 있나요?

⑥ 인터넷 및 스마트폰 사용: 스마트폰 사용이나 인터넷 사용으로 인한 문제를 경험한 적이 있나요?

⑦ 자기 계발: 자신에 대해 더 많이 이해하기 위해 어떤 노력을 하고 있

나요?, 자신이 가지고 있는 재능이나 능력을 더욱 향상시키기 위해 어떤 노력을 하고 있나요?, 새로운 경험을 쌓기 위해 어떤 도전을 해볼 생각이 있나요?

Q.   학생들의 학업 스트레스 관리 지도를 위해 학생에게 할 수 있는 질문을 알려 주세요.

A.   현재 공부에 대해 어떤 생각이 드나요?

학업에 대해 가장 걱정되는 점은 무엇인가요?

현재 공부하는 과목들 중에서 가장 어려운 과목이 무엇인가요?

학교에서 스트레스를 느낄 때, 어떤 방법으로 스트레스를 해소하나요?

공부를 할 때 집중력이 떨어지는 경우가 있나요? 이때는 어떤 방법으로 대처하나요?

학업에서 목표를 달성하기 위해 어떤 계획을 세우고 있나요?

공부하다가 힘들 때, 누구에게 상담을 구할 수 있는지 알고 있나요?

교수자는 생활지도 면담 과정에서 ChatGPT를 활용하여 실질적인 피드백이 가능한 정보를 생성할 수 있습니다. 학습자는 다양한 영역에서 어려움을 느낄 뿐만 아니라 그에 대한 원인과 대처 방법 또한 다양하기 때문에 교수자가 모든 지도 방안을 숙지하는 것은 불가능합니다. 학습자의 바람직한 성장을 위해 ChatGPT를 활용하여 학습자에게 다양한 정보를 제공해 줄 수 있으며 생활지도의 방향 수립에도 도움을 받을 수 있습니다.

Q. 학생들의 학업 스트레스 관리 방법을 알려 주세요.

A. ① 스트레스 원인 파악하기: 먼저 학업 스트레스의 원인을 파악하고 그 원인을 해결하기 위해 노력해 보는 것이 중요합니다. 스트레스를 느끼는 상황을 분석하고 대처 방안을 찾아보는 것이 도움이 됩니다.

② 명확한 목표 설정하기: 학습에 대한 목표를 명확히 설정하고 그 목표를 달성하기 위한 계획을 세우는 것이 좋습니다. 목표가 뚜렷해지면 몰입도가 높아지며 스트레스도 감소합니다.

③ 스트레스 관리법 찾기: 스트레스 관리법은 각자의 성격과 상황에 맞게 다양하게 찾을 수 있습니다. 스트레스를 관리하는 방법 중에는 명상, 요가, 음악 감상 등 다양한 방법이 있습니다. 스트레스를 해소하는 방법을 찾아보고 자신에게 가장 효과적인 방법을 선택해 시도하는 게 좋습니다.

④ 긍정적인 자기 이야기: 자신의 강점과 장점에 집중하고, 자신을 포용하며 긍정적으로 생각하는 것은 스트레스를 줄이는 데 큰 도움이 됩니다. 자신의 실수와 실패에 대해 자책하지 않고 긍정적인 자기 이야기를 해주는 것이 중요합니다.

교수자-학습자-ChatGPT 간 상호작용을 통해 생활지도를 하는 것도 좋은 방법입니다. 학습자가 학업이나 진로에 대해 궁금한 점이 있을 때 ChatGPT를 활용하여 궁금증을 해소할 수 있습니다. 이 과정에서 교수자는 ChatGPT의 답변에 대해 학습자와 상의하고 적용방안을 논의해 보면서 학습자를 지도할 수 있습니다. ChatGPT 활용한 생활지도는 학업적인 측면과 아울러 정서적인 측면에도 도움을 줄 수 있습니다. 학습자가 스트레스를 받거나, 불안감을 느낄 때 적절한 조언을 제공할 수 있습니다. 학습자가 스스로에 대해 긍정적인 자기 이야기를 만들고 자신의 강점과 장점을 발견하여 긍정적인 자아상을 만들 수 있도록 도울 수 있습니다. 또한, ChatGPT의 답변을 교수자와 학습자가 함께 상의하여 학습자의 더 바람직한 성장을 촉진할 수 있습니다. ChatGPT라는 매개체의 활용은 교수자와 학습자 간의 대화를 더욱더 쉽게 이루어지게 해 줍니다. ChatGPT를 활용하여 학습자와 대화하면 학습자는 보다 자유롭게 자신의 의견을 표현할 수 있습니다. 그리고 교수자는 학습자들의 의견을 이해하고 피드백을 제공할 수 있습니다.

교수자가 학습자를 지도하기 위해서는 학습자의 현재 연령대에 해당하는 발달적 특성을 파악하는 시간을 가져야 합니다. 대다수 학습자는 청소년기와 청년기 사이에 속해있어 급격하게 성장합니다. 따라서 청소년 초기·중기·후기 혹은 시기를 더 세분화하여 해당 시기의 특성을 이해하고 생활지도를 해야 합니다. 이처럼 ChatGPT를 통해 학습자의 발달적 특성에 대한 지식을 습득하여 더욱 효과적으로 생활지도를 할 수 있습니다. 다음은 ChatGPT를 사용하여 생활지도에 대한 정보를 얻는 예시입니다.

Q. 초등학교 고학년 학생을 지도할 때 교사가 특히 중요하게 다룰 부

분을 알려 주세요.

A. ① 자기주도적 학습을 유도하고 지원하기 : 초등학교 고학년 학생은 학습에 대한 관심과 태도가 변화하게 되며 학습에 대한 책임감이 높아집니다. 따라서 교사는 학생들이 스스로 학습할 수 있는 자기주도적 학습 습관을 형성할 수 있도록 유도하고 지원해야 합니다.

② 세부적인 피드백 제공하기 : 초등학교 고학년이 되면 학습능력이 높아지기 때문에 더욱 세부적인 피드백이 필요합니다. 교사는 학생들의 학습 상황에 대해 세밀한 분석과 피드백을 제공하여 학습을 지원해야 합니다.

③ 자기조절 능력을 키우기 위한 지도 제공하기 : 초등학교 고학년이 되면 자기조절 능력이 강화되기 때문에 교사는 학생들이 자신의 감정과 행동을 적절히 조절할 수 있도록 지도하는 것이 중요합니다.

④ 또래 간 협력과 토론을 장려하기 : 초등학교 고학년 학생은 또래 간 협력과 토론에 대한 필요성을 느끼게 됩니다. 교사는 학생들이 서로 협력하고 의견을 나누며 함께 배우는 환경을 조성하여 학생들이 서로를 존중하고 배려하는 태도를 배울 수 있도록 지원해야 합니다.

⑤ 독서 습관을 강화하기 : 초등학교 고학년 학생들은 독서능력이 높아집니다. 교사는 학생들이 독서를 즐기는 습관을 강화하고 적극적으로 독서 활동을 추진하여 학생들의 독서 실력을 향상시켜야 합니다.

⑥ 인성교육 강화하기 : 초등학교 고학년 학생들은 인성교육에 대한 필요성을 느끼게 됩니다. 교사는 학생들이 더욱 올바른 인성을 확립할 수 있도록 모범을 보이고 바람직한 자세와 태도에 대한 교육을 꾸준히 진행할 필요가 있습니다.

교수자가 학습자를 지도하기 위해서 ChatGPT로부터 도움을 받을 수 있는 부분을 살펴보았습니다. 교수자를 위한 정보제공이나, 교수자-학습자-ChatGPT 상호작용이 아니더라도 학습자 스스로 성장하기 위해 ChatGPT를 개인적으로 활용할 수 있습니다. 학습자가 ChatGPT를 활용하면 언제 어디서든 생활지도를 받을 수 있고, 익명성이 보장되며 문제를 효율적으로 해결할 수 있는 등의 큰 장점이 있습니다. 하지만 ChatGPT는 어디까지나 인공지능이므로 인간적인 상호작용을 대체할 수는 없습니다. ChatGPT는 인간의 능력을 대체할 수 없기에 교수자의 역할이 대체되는 것은 아닙니다. 따라서 교수자가 주도하여 ChatGPT를 보조적으로 활용하면서 학습자 생활지도를 제공하는 것이 바람직합니다.

수업 후: ChatGPT로 평가하기

진단, 형성, 총괄평가 지원

진단평가는 학습자의 학습 상태나 문제점을 파악하기 위한 평가입니다. 학습자의 이해도나 학력 수준, 능력, 기타 인지 및 행동적 특성 등을 평가하여 학습 상황을 파악하고 그에 따른 개입 방법을 결정하는 데 사용됩니다. 학습자의 특징을 파악하여 개별적인 맞춤형 지도와 교육 계획 수립에 활용하기 위해 주로 수업 전 또는 수업 중간에 시행됩니다. 진단평가는 교육의 질을 향상시키는 데 매우 중요한 역할을 합니다.

ChatGPT를 활용하여 일부 진단평가를 수행할 수 있습니다. 예를 들어, 학습자의 글쓰기 기술, 언어 이해 능력, 독해 능력, 문법 및 맞춤법 등을 ChatGPT를 사용하여 평가할 수 있습니다. ChatGPT는 학습자의 글쓰기 샘플을 평가하여 오타, 문법, 맞춤법, 문장 구조, 단어 사용, 문맥 이해, 표현 능력 등을 분석할 수 있습니다. 또한, 학습자들이 표현한 생각이나 주제의 이해도를 평가하기 위해 ChatGPT를 사용할 수 있습니다. 이러한 진단평가를 활용하기 위해서는 먼저 학습자의 샘플 글쓰기 자료들로 ChatGPT 모델을 학습시켜야 합니다. 이후, 학습시킨 모델로 학습자의 글쓰기 자료를 분석합니다. 분석 결과를 토대로 학습자의 언어 능력과 글쓰기 능력을 평가하고, 피드백을 제공합니다.

이러한 방식은 ChatGPT의 모델 학습부터 개선까지의 과정을 포괄하기 때문에 쉽게 실시하기 어려운 방법입니다. 현재의 ChatGPT를 활용해 학습자를 평가하는 방법은 문항 제작과 정답 및 해설, 그리고 피드백 생성입니다. 학기 초 학습자의 학업수준을 진단하기 위해 ChatGPT를 활용하여 각 과목의 다양한 영역에 대한 문항을 생성하고 평가할 수 있습니다. 이는 진단평가에만 국한되는 사항이 아니라 형성평가에도 적용할 수 있습니다.

Q. 초등학교 5학년 수학의 분수와 관련하여 5문제, 정답, 해설을 제시해 주세요.

A. ① $\frac{3}{8} + \frac{2}{8} = ?$

정답: $\frac{5}{8}$

해설: 분모가 같은 두 분수를 더할 때는 분모를 그대로 가져가고

분자를 더해줍니다.

② $7/9 - 1/9 = ?$

　정답: $6/9$ (또는 $2/3$)

　해설: 분모가 같은 두 분수를 뺄 때는 분모를 그대로 가져가고 분자를 빼줍니다. 단, 더 큰 수에서 작은 수를 뺍니다.

③ $2/3 \times 3/5 = ?$

　정답: $2/5$

　해설: 두 분수를 곱할 때는 분자끼리 곱하고 분모끼리 곱한 후 약분합니다.

④ $4/5 \div 2/3 = ?$

　정답: $12/10$ (또는 $6/5$)

　해설: 분수를 나눌 때는 나누는 분수의 분모와 분자를 뒤집은 후 곱셈을 수행합니다.

Q.　$2/3 \times 3/5 = 2/7$입니다. 정답 여부와 해설이 필요해요

A.　죄송합니다, $2/3 \times 3/5$의 계산 결과는 $2/5$가 맞습니다. $2/7$은 정답이 아닙니다. 이 문제는 두 분수의 곱을 구하는 문제로, 분자끼리 곱하고 분모끼리 곱한 다음, 기약분수로 만들어야 합니다. $2/3 \times 3/5$를 계산하면 분자는 $2 \times 3 = 6$이 되고, 분모는 $3 \times 5 = 15$가 됩니다. 이를 기약분수로 만들면 $2/3 \times 3/5 = 6/15 = 2/5$가 됩니다. 따라서 정답은 $2/5$이며, $2/7$은 오답입니다.

형성평가는 교육과정 중에 수행되며, 교수자가 학습자의 학습 상황을 파악하기 위해 수시로 실시하는 평가입니다. 학습자가 지식, 기술, 태도 등을 어느 정도 습득하고 있는지 파악하고, 교수자는 이를 바탕으로 학습자의 교육적 요구사항을 파악하고 적절한 계획을 수립하는 데 기여할 수 있습니다.

형성평가는 일반적으로 교육과정에서 수시로 이루어지며, 시험, 과제, 발표, 토론, 그룹 프로젝트 등을 통해 진행됩니다. ChatGPT를 형성평가에 활용 시 진단평가와 마찬가지로 시험 문항을 생성하는 방식으로 사용할 수 있으며, 그룹 프로젝트 과제 수행에 활용할 수 있습니다. 프로젝트 아이디어를 제안하는 과정에서도 ChatGPT를 활용할 수 있습니다. ChatGPT에 주제를 입력하면 ChatGPT가 관련된 아이디어를 추천해 줍니다. 이를 활용하여 그룹원들과 함께 프로젝트 아이디어를 선정할 수 있습니다. 아이디어 선정 후 프로젝트 진행에 필요한 자료 수집, 발표 자료 개선을 위해 ChatGPT를 활용할 수 있습니다. 교수자는 ChatGPT를 활용한 과제를 평가할 때 정보 수집 및 선별, 정보 활용, 질문 스킬 등의 영역을 포함하여 평가할 수 있습니다. 또한, 학습자뿐만 아니라 교수자 또한 그룹 프로젝트를 위한 주제에 대한 아이디어를 ChatGPT로부터 정보를 얻을 수 있습니다.

Q. 초등학교 고학년 수학 교과 관련 프로젝트 그룹 수행을 위해 주제를 알려 주세요.

A. ① 집과 학교 사이의 거리 계산하기

② 상점에서 물건을 살 때 할인 계산하기

③ 일주일 동안 소비한 용돈 계산하기

④ 여러 가지 형태의 도형 그리고 면적, 둘레 계산하기

⑤ 시간과 스피드를 활용한 거리 계산하기

이런 주제들은 일상생활에서 수학 개념을 활용하면서 문제 해결 능력을 향상시키는 데 도움이 될 수 있습니다.

총괄평가는 교육과정이나 수업 계획이 끝난 후 학습 성과를 종합적으로 평가하는 과정입니다. 주로 시험, 프로젝트, 포트폴리오, 발표 등의 형태로 이루어지며 학습자의 전반적인 학습 성과와 교육과정의 효과를 평가합니다. 교수자는 총괄평가를 통해 교육과정이나 수업 계획의 문제점을 파악하고 보완할 수 있습니다.

ChatGPT는 진단과 형성평가 시 활용방안과 동일하게 총괄평가에 적용할 수 있고 총괄평가 이후 피드백에 대한 자료를 얻을 수 있습니다. ChatGPT에 학습자 총괄평가를 위한 평가 모델이 학습되어 있다면 다음과 같은 총괄평가를 수행할 수 있습니다.

먼저 글쓰기와 관련한 총괄평가에서는 학습자가 작성한 글의 문법, 어휘, 문장 구조, 표현력, 논리 등을 평가할 수 있습니다. 두 번째로 문제 해결 총괄평가가 가능합니다. 학습자가 주어진 문제를 해결하는 과정에서 문제 해결 능력, 수리 능력, 분석 능력, 추론 능력 등을 평가할 수 있습니다. 세 번째, 지식 총괄평가를 할 수 있습니다. 이는 학습자가 학습한 지식을 종합적으로 평가하는 것으로, 지식의 이해도, 응용력, 연

계성 등을 평가합니다. 그리고 발표 총괄평가도 가능합니다. 학습자가 발표한 내용의 수준, 표현력, 발표 기술, 대화 능력 등을 평가할 수 있습니다. 이 외에도 ChatGPT를 활용하여 학습자의 평가 결과 종합 분석, 맞춤 교육 프로그램 제공 등 다양한 총괄평가를 수행할 수 있습니다.

ChatGPT를 활용한 학습 성과 자동 평가는 현재까지도 연구와 개발이 진행 중인 분야입니다. 최근 인공지능 기술의 발전과 함께 학습자 개개인의 학습 데이터를 수집하고 분석하여 맞춤형 평가를 제공하는 시스템을 개발하는 연구가 진행되고 있습니다. 이러한 ChatGPT를 활용한 학습자 자동 평가의 어려운 점은 정확한 평가를 위해 충분한 데이터를 확보하되, 그 데이터의 질을 유지해야 한다는 것입니다. ChatGPT는 대량의 데이터를 기반으로 학습되기 때문에 학습에 사용되는 데이터의 질과 양이 평가의 정확도에 큰 영향을 미칩니다. 따라서 적합한 데이터 수집 및 관리 방법이 필요합니다. 또한, ChatGPT는 자연어 처리 능력이 뛰어나지만, 여전히 인간의 지각과 처리 능력을 완벽하게 대체하지는 못합니다. 따라서 ChatGPT를 활용한 자동 평가는 인간의 판단과 보완이 요구되고 이러한 어려움들을 극복하기 위해 기술적 지원과 데이터의 품질을 향상시키는 연구가 필요합니다. 이와 동시에, 기술적으로는 이미 ChatGPT를 활용한 자동 평가 시스템이 개발되고 있지만, 이를 상용화하고 보편화하기 위해서는 다양한 기술적, 법적, 윤리적, 교육적인 문제들을 고려해야 합니다. 또한, 학습자의 학습 성과를 정량적으로 측정하기 위해서는 다양한 요소를 고려하여 학습자에게 맞는 평가 방법을 적용해야 할 필요성이 있습니다. 보편화 시기는 아직

불분명하지만, 앞으로 학습자 평가 분야에서 인공지능 기술이 사용될 수 있는 적용 분야와 한계를 더 탐구하고 발전시켜 나가야 합니다.

학습 성과 관리

학습자의 학습 성과를 평가하는 방법에는 여러 가지가 있습니다. 시험과 과제를 비롯하여 프로젝트, 포트폴리오, 자기 및 동료 평가와 같이 다양한 방법으로 학습 성과를 평가할 수 있습니다. ChatGPT를 활용한 학습 성과 평가 방법도 다양합니다. 구체적으로 ChatGPT를 사용하여 학습자의 글쓰기 능력을 평가할 수 있습니다. 학습자가 작성한 글의 문법, 어휘, 표현 등을 자동으로 분석하고, 이를 기반으로 평가 지표를 제시할 수 있습니다. 또한, 수학 문제 풀이 능력을 평가하기 위해 ChatGPT를 사용하여 학습자가 풀어낸 문제의 정확성, 해결 방법 등을 자동으로 분석하고, 이를 기반으로 평가 지표를 제시할 수도 있습니다. 이 외에도 ChatGPT를 활용하여 학습자의 언어 이해력, 독해 능력, 문학적 감성 등을 평가할 수 있는 다양한 방법이 있습니다. 그러나 앞서 언급하였듯이 ChatGPT를 활용한 자동 평가 방법은 아직 발전이 필요한 분야이기 때문에 ChatGPT를 활용한 학습 성과 평가 방법을 적용하는 데 한계가 있습니다. 그럼에도 긍정적인 부분은 AI를 활용한 학습자 평가 혁신 사례가 생겨나고 있다는 점입니다.

인공지능 기술을 활용하여 학습자 평가를 혁신한 사례 중 하나는 Knewton이라는 온라인 교육 회사입니다. Knewton은 ChatGPT와 같은 자연어 처리 기술을 활용하여 학습자의 학습 수준을 자동으로 파악하고 개인 맞춤형 학습 계획을 제시합니다. Knewton의 학습 시스템은 학습자의 단어 이해력, 문장 구성 능력, 문맥 이해력 등을 자동으로 측정하고, 학습자의 학습 수준과 학습 성과에 따라 맞춤형 학습 콘텐츠를 제공합니다. 이를 통해 학습자들은 개인에 맞는 학습 경험을 할 수 있으며, 교수자는 보다 효과적인 개별 맞춤 지도를 제공할 수 있게 됩니다. Knewton은 학습자의 개별적인 학습 경로를 파악하고 맞춤형 학습 경험을 제공함으로써 학습자의 학습 성과를 향상시키는데 성공하였습니다. 이러한 평가 혁신 사례는 학습자 개개인의 학습 특성을 파악하여 맞춤형 학습을 제공하는 방식으로, 많은 교육 분야에서 참고할 만한 모델이 될 수 있습니다.

현재 학습 성과를 평가하는 데 유용한 ChatGPT 활용 방법은 시험 문제의 생성과 검토입니다. ChatGPT를 활용하면 특정 학년, 과목, 세부 영역을 모두 고려하여 교수자의 시험 문제 생성에 도움을 줄 수 있습니다. ChatGPT가 생성한 문제를 기반으로 교수자는 다양한 방식의 시험 문항 개발을 시도해 볼 수 있고, 주관식 및 서술형 문항을 개발하는 데에도 도움을 받을 수 있습니다. 교수자가 시험 문항을 개발한 후 해당 문항에 오류가 없는지를 ChatGPT를 통해 검토할 수 있습니다.

Q. 48÷2(9＋3)의 정답과 문제의 오류가 없는지 점검해 주세요.
A. 수학에서는 곱셈, 나눗셈, 덧셈, 뺄셈을 순서대로 계산하는 규칙

인 '사칙연산의 우선순위'가 있습니다. 이 규칙에 따르면 곱셈과 나눗셈은 덧셈과 뺄셈보다 먼저 계산해야 합니다. 따라서 이 문제를 계산할 때는 먼저 괄호 안의 덧셈을 계산하고, 그 결과에 2를 곱한 후 48을 나눠야 합니다. 따라서 계산 순서는 다음과 같습니다.

괄호 안의 덧셈 계산: $9 + 3 = 12$

2를 곱한 후 곱셈 계산: $2 \times 12 = 24$

나눗셈 계산: $48 \div 24 = 2$

따라서 $48 \div 2(9 + 3)$의 값은 2입니다.

이 문제의 오류는 주어진 수식의 표기가 모호하다는 점입니다. 따라서 이 문제에 대한 답은 다양할 수 있습니다. 이러한 모호한 표기는 수학에서 오해를 불러일으키는 원인이 되므로, 수식을 작성할 때는 괄호와 기호의 우선순위를 명확하게 표기하는 것이 좋습니다.

ChatGPT를 활용한 평가문항 개발은 인지적 지식 영역에 국한된 것은 아닙니다. 학습자의 역량을 평가하기 위한 문항 제작에도 활용할 수 있습니다.

Q. 중학교 2학년의 사회 교과목에서 문제 해결 역량을 점검할 수 있는 문항을 개발해 주세요.

A. 다음 상황에서 문제를 해결할 수 있는 가장 효과적인 방법을 선택

하시오.

① 한 지역의 대규모 건설 프로젝트로 인해 생태계가 파괴되고 있습니다. 이로 인해 지역 주민들은 식량 부족, 환경오염 등의 문제로 고통 받고 있습니다. 이 문제를 해결하기 위한 방법으로 다음 중 어떤 방법이 가장 효과적인가요? (예: 건설 중단, 보전 대상 지역 지정, 보상 제도 도입 등)

② 한 지역에서는 인구 과밀화로 인해 주거 공간 부족 문제가 발생하고 있습니다. 이 문제를 해결하기 위한 방법으로 다음 중 어떤 방법이 가장 효과적인가요? (예: 새로운 아파트 건설, 지역 인구 이전, 공동주택 도입 등)

절대평가가 확산되고 있는 시점에서 ChatGPT에게 준거참조평가를 위한 준거 설정에 대한 도움을 받을 수도 있습니다. 해당 교과목, 학습자의 연령, 준거의 수 등 다양한 조건에 맞추어 준거를 설정할 수 있습니다.

Q. 대학교 1학년 수준에서 빅데이터 분석 교과목의 준거참조평가를 위한 5단계 준거를 구성해 주세요.

A. ① 데이터 수집과정의 이해

데이터 수집 방법을 이해하고 수집 과정을 설명할 수 있는가?

수집된 데이터가 신뢰성 있고 유효한가?

② 데이터 전처리 및 정제

　　데이터 전처리 및 정제 작업을 수행할 수 있는가?

　　결측치, 이상치 등의 문제를 해결할 수 있는가?

③ 데이터 탐색과 시각화

　　데이터 특성을 파악해 시각화를 통해 데이터를 분석할 수 있는가?

　　다양한 차트나 그래프를 활용하여 데이터를 시각화할 수 있는가?

④ 데이터 분석 기법의 이해와 활용

　　대표적인 빅데이터 분석 기법들을 이해하고, 어떤 경우에 어떤 기법을 적용해야 하는지 이해할 수 있는가?

　　실제 데이터 분석에 해당 기법을 적용할 수 있는가?

⑤ 분석 결과의 해석 및 제시

　　분석 결과를 정확하고 명확하게 해석할 수 있는가?

　　결과를 시각화하고, 적절한 형태로 제시할 수 있는가?

ChatGPT를 통한 학습자 평가가 인간 교수자의 평가에 비해 갖는 강점도 있습니다. 먼저 ChatGPT는 매우 빠르게 대량의 문제를 생성할 수 있습니다. 인간 교수자는 한 번에 한 문제씩 만들어야 하지만, ChatGPT는 수백 개의 문제를 짧은 시간에 만들 수 있습니다. 다음으로 인간 교수자는 실수를 하거나 편견을 가지고 있을 수 있습니다. 그러나 ChatGPT는 일관된 품질로 문제를 생성합니다. 또, 인간 교수자는 특정 유형의 문제를 생성하는 데 능숙하지만, ChatGPT는 다양한 유형의 문제를 생성할 수 있습니다. 마지막으로 ChatGPT는 일관된 평가 기준을 적용하고 자동으로 피드백을 제공하여 학습자들이 즉각적으로 학습 내용을 수정할 수 있습니다.

그러나 학습자 평가에 있어 인간 교수자에 비해 ChatGPT가 갖고 있는 한계도 명확합니다. ChatGPT는 학습자의 답을 객관적으로 채점할 수 있지만, 학습자가 제출한 답은 학습자의 능력 외에 다양한 요인들이 영향을 미치는 경우가 많기 때문에 전반적인 학습자의 성취도를 정확하게 반영하지 못할 수 있습니다. 그리고 ChatGPT는 사전에 프로그래밍 된 알고리즘에 따라 답을 평가하기 때문에 특정한 유형의 문제에 대해서만 정확한 채점이 가능합니다. 따라서 다양한 유형의 문제를 채점하는 경우에는 인간 교수자의 평가가 필요합니다. 더불어, AI 기술은 빠르게 발전하고 있지만, 아직까지는 인간 교수자와 같은 전문적인 판단력과 지식을 가지고 있지는 않습니다. 게다가 AI가 학습자의 개인 정보를 수집하고 분석하는 경우, 개인정보 보호와 관련된 윤리적 문제가 발생할 수 있습니다. 이러한 문제에 대한 대책을 마련해야 합니다.

인간 교수자와 ChatGPT는 각각의 강점과 한계가 있기 때문에 ChatGPT를 상호 보완적으로 사용함으로써 보다 효과적인 학습자 평가를 할 수 있습니다. 인간 교수자는 학습자의 문제 해결과 독립적인 학습 능력, 창의성, 의사소통 능력, 문제 해결 능력 등을 평가하는 데 강점이 있습니다. 반면에 ChatGPT는 학습자들의 대화 기록 및 작문 등을 기반으로 자동화된 자연어 처리 기술을 사용하여 학습자의 언어 이해 능력, 언어 사용 능력, 문장 구성 능력 등을 평가하는 데 강점이 있습니다. 인간 교수자가 학생의 창의성과 문제 해결 능력을 평가하고,

ChatGPT를 통해 학습자의 언어 사용 능력과 문장 구성 능력을 평가함으로써, 학습자의 전반적인 능력을 평가할 수 있습니다.

효과적인 강의 평가 및 개선

강의 평가는 강의 내용과 학습 과정에서 학습자의 이해도와 성취도, 학습과정에서의 문제점 등을 파악하여 교육 효과를 높이기 위한 평가입니다. 학습자의 학습 성취도를 파악하고 교수법과 강의 자료를 개선하여 더욱 효과적인 교육을 할 수 있도록 돕는 역할을 합니다. 이러한 평가 방법은 강의 평가지, 학습자 의견 수렴, 학습자료 및 시험지 평가, 그리고 학습자 평가 및 성취도 검사 등을 통해 이루어질 수 있습니다. 이를 통해 교육과정과 교수-학습 환경 개선을 위한 방안을 도출할 수 있습니다. 교수-학습 강의 평가는 교수자가 학습자를, 학습자가 교수자를 평가하는 방식이 있을 수 있으며, 자기 평가도 가능합니다.

교수-학습 강의 평가에 있어 ChatGPT를 활용할 수 있습니다. 강의 평가용 문항을 설계하는 것은 해당 강의의 목적과 내용, 그리고 평가하고자 하는 부분, 피평가자의 유형에 따라 다양할 수 있습니다. ChatGPT를 활용하여 타당성 있는 강의 평가 문항 설계에 도움을 받을 수 있습니다. 피평가자가 교수자인 경우 다음과 같은 문항을 설계 할 수 있습니다.

Q. 교수자 강의 평가 엉역을 항목별로 구분해 문항을 만들어 주세요.

A. ① 강의 내용

이해하기 쉽게 강의를 전달했나요?, 강의 내용이 흥미로웠나요?, 강의 내용이 적절히 구성되었나요?, 강의 내용은 학생들의 수준에 맞게 설명되었나요?, 강의 내용이 깊이 있는 지식을 제공했나요?

② 강의 스타일

교수자의 강의 스타일이 학습에 도움이 되었나요?, 교수자가 적극적으로 학생들과 소통했나요?, 교수자의 강의 스타일이 다양하고 흥미로웠나요?, 교수자는 수업 내용을 명확하게 설명해주셨나요?

③ 강의 평가 및 피드백

과제와 시험 평가가 학습내용과 일치했나요?, 평가와 피드백이 적절히 이루어졌나요?, 교수자의 피드백이 학생들의 학습에 도움이 되었나요?

④ 교수자와의 소통

교수자와의 소통이 원활하게 이루어졌나요?, 교수자가 학생들의 질문에 충분히 답변해주었나요?, 교수자와 학생들 간의 상호작용이 활발히 이루어졌나요?

⑤ 강의 운영

수업 시간표 및 일정이 명확히 공지되었나요?, 교수자는 수업시간을 적절하게 운영해주셨나요?, 교수자는 수업환경을 청결하고 안락하게 유지해주셨나요?

⑥ 강의 자료 및 시설

강의 자료의 품질이 적절했나요?, 교실 시설이 강의에 적합했나요?, 강의 자료와 교실 시설이 학습에 도움이 되었나요?

강의가 끝난 후 학습자 스스로 학습이 잘 이루어졌는지 평가하는 문항개발을 위해서도 ChatGPT를 활용 할 수 있습니다.

Q. 학생 대상 교수-학습 평가문항을 만들어 주세요.

A. ① 이해도 평가

강의에서 배운 내용을 잘 이해하고 있는지 평가하기 위한 문항입니다.

이번 강의에서 배운 핵심 내용은 무엇인가요?, 강의 내용을 요약해 보세요, 이번 강의를 듣고 새로 배운 것이 있나요?, 강의 내용이 이해하기 어렵거나 불친절한 부분은 없었나요?, 이번 강의에서 학습한 내용을 다른 사람에게 설명할 수 있는 수준인가요?

② 활용도 평가

강의에서 배운 내용을 실제 상황에 적용할 수 있는 능력을 평가하기 위한 문항입니다.

이번 강의에서 학습한 내용을 어떻게 복습할 예정인가요?, 이번 강의에서 배운 내용을 실생활에서 어떻게 활용할 수 있을까요?, 이번 강의에서 배운 내용을 자신이 관심 있는 분야나 희망하는 직업과 연관시킬 수 있는가요?, 이번 강의를 통해 자신이 가진 문제를 해결할 수 있는 아이디어가 생겼나요?

③ 자기평가

학생이 자신의 학습 과정을 돌아보며 평가하는 문항입니다. 이번 강의에서 내가 제일 잘한 부분은 무엇인가요?, 이번 강의에서 내가 가장 어려워했던 부분은 무엇인가요?, 이번 강의를 듣고 느꼈던 감정은 무엇인가요? 앞으로 이 강의에서 개선하고 싶은 점이 있다면 무엇인가요?

강의 평가 후, 해당 평가 결과를 분석하여 향후 교수-학습 개선을 위한 피드백이 이루어져야 합니다. 교수자의 경우 강의 평가 분석 결과를 바탕으로 ChatGPT를 활용하여 강의 개선에 대한 피드백 정보를 얻을 수 있습니다.

Q. 강의 평가 결과 교수자의 강의 스타일이 흥미롭지 않았다는 의견이 많았습니다. 개선할 점을 알려 주세요.

A.   ① 다양한 학습 방법 적용: 학습 방법이 한 가지인 경우 강의 내용에 대한 이해도와 흥미도가 낮아질 수 있습니다. 따라서 교수자는 다양한 학습 방법을 적용하여 수업을 진행하고 학생들의 학습 특성에 맞는 다양한 학습 방법을 고려할 필요가 있습니다.

② 학생 중심의 수업: 학생들이 수업에 적극적으로 참여하고 활발하게 의견을 제시할 수 있도록 학생 중심의 수업을 진행하는 것이 중요합니다. 학생들의 이해도와 흥미도를 높일 수 있는 학생 중심의 수업 방법

은 토론, 팀 프로젝트, 발표 등이 있습니다.

③ 흥미로운 강의 내용 제공: 강의 내용이 흥미로워야 학생들이 집중하여 수업에 참여할 수 있습니다. 따라서 교수자는 흥미로운 강의 내용을 선정하고 수업을 진행하면서 학생들의 관심을 끌 수 있는 방법을 고민해보아야 합니다.

④ 적극적인 피드백 제공: 학생들이 교수자에 대한 의견을 제시하기 어렵다면, 교수자는 학생들의 피드백을 받을 수 있는 방법을 적극적으로 제공해야 합니다. 이는 수업 후 학생들에게 직접 피드백을 요청하거나, 온라인 피드백 시스템을 활용하여 익명으로 피드백을 받는 등의 방법이 있습니다.

⑤ 교수자 역량 강화: 강의 스타일에 대한 피드백을 받은 교수자는 자신의 강의 스타일을 점검하고 부족한 역량을 강화해야 합니다. 교수자는 교육자 자체의 전문성을 향상시키기 위해 교육 세미나, 컨퍼런스 등을 참여하여 지식과 기술을 습득할 수 있습니다.

Tip. ChatGPT를 활용한 강의 평가 피드백 자료

ChatGPT를 활용하여 강의 평가 피드백 자료를 다음과 같이 만들어 제공할 수 있습니다.

강의 평가 자료

해당되는 칸에 체크하세요.

연번	질문내용	전혀 그렇지 않다	그렇지 않다	보통이다	그렇다	매우 그렇다
① 강의 내용 피드백						
1)	이해하기 쉽게 강의를 전달했나요?					
2)	강의 내용이 흥미로웠나요?					
3)	강의 내용이 적절히 구성되었나요?					
4)	강의 내용은 학생들의 수준에 맞게 설명되었나요?					
5)	강의 내용이 깊이 있는 지식을 제공했나요?					
② 강의 스타일						
1)	교수자의 강의 스타일이 학습에 도움이 되었나요?					
2)	교수자가 적극적으로 학생들과 소통했나요?					
3)	교수자의 강의 스타일이 다양하고 흥미로웠나요?					
4)	교수자는 수업 내용을 명확하게 설명했나요?					
③ 강의 평가 및 피드백						
1)	과제와 시험 평가가 학습내용과 일치했나요?					
2)	평가와 피드백이 적절히 이루어졌나요?					
3)	교수자의 피드백이 학생들의 학습에 도움이 되었나요?					
④ 교수자와의 소통						
1)	교수자와의 소통이 원활하게 이루어졌나요?					
2)	교수자가 학생들의 질문에 충분히 답변해주었나요?					
3)	교수자와 학생들 간의 상호작용이 활발히 이루어졌나요?					

연번	질문내용	전혀 그렇지 않다	그렇지 않다	보통이다	그렇다	매우 그렇다
⑤ 강의 운영						
1)	수업 시간표 및 일정이 명확히 공지되었나요?					
2)	교수자는 수업시간을 적절하게 운영했나요?					
3)	교수자는 수업환경을 청결하고 안락하게 유지했나요?					
⑥ 강의 자료 및 시설						
1)	강의 자료의 품질이 적절했나요?					
2)	교실 시설이 강의에 적합했나요?					
3)	강의 자료와 교실 시설이 학습에 도움이 되었나요?					

ChatGPT를 활용한
인지적 피드백

인지적 영역은 인간이 정보를 처리하고 인식하는 영역으로, 지식과 이해, 추론과 해석, 기억과 기억력 등을 포함합니다. 인지적 영역은 학습을 하는 데 있어서 매우 중요한 역할을 합니다. 학습자가 인지적 영역을 적극적으로 활용하면, 학습 능력과 학습 성과를 높일 수 있습니다. 그러므로 학습자의 인지적 영역을 파악하여 그에 따른 적절한 피드백을 제공하는 것은 학습에 매우 중요합니다.

인지적 영역에 대한 피드백을 제공하는 방법은 여러 가지가 있습니다. 첫째, 퀴즈나 시험을 통해 학습한 내용을 평가하고, 그 결과를 피드백으로 제공합니다. 이를 통해 학습자들이 자신이 어느 부분에서 약점을 가지고 있는지 파악할 수 있습니다. 둘째, 학습자들이 제출한 과제 등 개별적인 작업에 대해 교수자가 직접 피드백을 제공해 줄 수 있습니다. 이때, 구체적인 조언과 함께 가진 문제점과 개선 방향을 알려주는 것이 좋습니다. 셋째, 학습자들이 자신의 학습 성과를 평가하고 문제점과 개선 방향을 스스로 도출해낼 수 있도록 자기평가 과제를 줄 수 있습니다. 넷째, 학습자들끼리 서로의 작업을 평가하고 피드백을 제공하는 동료 평가를 실시할 수 있습니다. 이때, 평가 기준을 미리 정하고, 서로 존중하며 지속적인 피드백과 개선을 이끌어내는 것이 중요합니다. 다섯째, 최근에는 인공지능 기술을 활용한 자동 평가 프로그램도 활용되고 있습니다. 학습자들이 수행한 과제를 자동으로 평가하여 피드백을 제공할 수 있습니다. 이때, 프로그램이 구체적인 문제점과 개선 방향을 제공했는지 확인하는 것이 중요합니다.

ChatGPT를 활용하여 학습자의 틀린 답안에 대해 피드백을 제공할 수 있습니다. 학습자가 작성한 답안을 ChatGPT에 입력하면 ChatGPT는 학습자의 답안을 분석하여 오류를 찾고, 해당 오류를 보완하는 힌트나 해결 방법을 제시할 수 있습니다. 이를 통해 학습자는 자신이 틀린 부분을 이해하고 해당 내용을 학습할 수 있습니다. 또한, ChatGPT를 사용해 학습자의 학습 기록을 분석하여 학습 패턴을 파악하고 학습 계획을 제시하는 것도 가능합니다. 예를 들어, 학습자가 어떤 과목에서 자주 실수하는 패턴이 있다면 ChatGPT는 해당 패턴을 파악할 수 있습니다. 그리고 이 부분을 보완할 수 있는 학습 방법이나 자료를 추천해줄 수도 있습니다. ChatGPT를 활용하면 다양한 인지적 영역의 피드백을 할 수 있지만 계속 논의되었듯이 아직까지는 ChatGPT를 활용한 피드백 제공에 기술적 한계가 있습니다.

ChatGPT의 기술이 더 개발되어 ChatGPT를 활용한 인지적 영역 피드백이 활발히 이루어진다 하여도 몇 가지 해결해야 할 문제가 남아 있습니다. 먼저 다양성의 문제입니다. 학습자들은 서로 다른 학습 방식과 선호도를 가지고 있기 때문에 ChatGPT가 일관된 피드백을 제공하는 것이 어려울 수 있습니다. 따라서 모델이 다양한 학습 방식과 선호도를 반영하는 방법을 개발해야 합니다.

인과관계 파악의 어려움도 ChatGPT의 인지적 영역의 피드백을 이렇게 하는 요소입니다. ChatGPT는 통계 기반 모델이기 때문에 학습자의 학업 성취 증진이 어떤 요인에 의해 발생했는지 인과관계를 파악하기 어렵습니다. 따라서 학습자들의 학업 성취 증진을 개선하기 위해서는 인과관계 파악을 위한 추가적인 연구가 필요합니다. 이러한 문제점을 해결하기 위해서는 ChatGPT가 대규모 텍스트 데이터를 학습하는 과정이 필요합니다.

ChatGPT는 학습 데이터의 다양성이 풍부할수록 높은 성능을 보이는 경향이 있습니다. 따라서 학습 데이터의 다양성을 높일 수 있도록 다양한 교육 자료를 수집하여 학습 데이터로 활용해야 합니다. 예를 들어 여러 종류의 교과서, 교육 동영상, 학습자들이 작성한 논문 등을 수집하여 학습 데이터로 활용할 수 있습니다. 학습자에 대한 정보도 학습되어야 합니다. 학습자의 다양성을 인식하고 이를 반영할 필요가 있습니다. 학습자의 연령, 학력, 문화적 배경 등에 따라 피드백이 다르게 생성될 수 있도록 모델을 구성해야 피드백이 더욱 정확해질 것입니다. 인과관계 파악의 어려움을 극복하는 것 또한 다양성 문제와 크게 다르지 않습니다. 인과관계 파악을 위해 학습자에 대한 다양한 데이터를 수집하고 분석해야 합니다. 예를 들어, 학습자의 학업 성취를 판단하는 데에는 성적뿐만 아니라 출석률, 과제 제출 여부, 학습 시간 등 다양한 변수를 고려됩니다. ChatGPT가 이러한 변수들을 종합하여 학습자의 성취도를 평가 및 예측할 수 있도록 풍부한 데이터를 제공해야 합니다.

현재 ChatGPT는 다양한 분야에서 활용되고 있지만, 학업 성취 증진이나 인지적 영역 피드백 분야에서는 아직까지 많은 연구와 개발이 필요합니다. ChatGPT를 활용하여 인지적 영역의 피드백 정보를 얻기 위해서는 먼저 학습자의 학습 데이터를 수집하고 분석하여 학습자의 인지적 영역을 파악해야 합니다. 이를 위해서는 다양한 학습자 데이터를 수집하고 이를 학습시켜 ChatGPT 모델을 구축해야 합니다. 그러나 학습자 데이터 수집과 분석, 그리고 ChatGPT 모델의 구축은 기술적인 문제와 교수자의 노력, 시간이 필요한 작업이기 때문에 현재로서는 적용하기 어려운 기술입니다.

인지적 영역에 대한 피드백이 잘 이루어지기 위해서는 교수자와 학습자가 적극적으로 협력해야 합니다. 지금까지 계속 언급해 왔듯이 ChatGPT는 학습자 스스로 또는 교수자의 피드백을 바탕으로 인지적 영역 개선을 위한 정보 검색 및 습득을 위해 활용되는 것이 가장 보편적입니다. 학습자가 인지적 영역을 향상시키는데 어려움을 겪고 있다면, 개선되지 않은 부분에 있어 ChatGPT로부터 도움을 받을 수 있습니다.

Q. 분수 계산 문제에서 자꾸 분수 나눗셈 문제를 틀립니다. 더 잘 풀 수 있는 방법을 알려 주세요.

A. 분수 계산에서 나눗셈 부분이 어렵다면, 분수를 곱셈으로 바꾸어 계산하는 방법이 있습니다. 이 방법을 이용하면 더 쉽게 계산할 수 있습니다.

예를 들어, $\frac{2}{3} \div \frac{3}{5}$를 계산하는 문제가 있다고 가정해 봅시다. 이 문제를 곱셈으로 바꾸면 다음과 같습니다.

$\frac{2}{3} \div \frac{3}{5} = \frac{2}{3} \times \frac{5}{3}$

이렇게 바꾸고 분모와 분자를 각각 곱합니다.

$\frac{2}{3} \times \frac{5}{3} = \frac{10}{9}$

따라서 $\frac{2}{3} \div \frac{3}{5} = \frac{10}{9}$ 입니다.

이 방법을 사용하면 분수 나눗셈 계산을 더 쉽게 할 수 있습니다. 물론 이 방법도 계산을 실수하지 않도록 주의하여야 합니다.

학습자는 ChatGPT를 통해 이론적인 개념이나 정답에 정한 정보만을 획득하는 것이 아니라 다양한 학습전략에 대한 정보를 얻을 수 있습니다.

Q. 상상력이 뛰어난 학생이 있습니다. 이 학생은 영어 단어 암기에 어려움을 겪고 있습니다. 이 학생이 영어 단어를 잘 암기하기 위한 학습 방법을 알려 주세요.

A. 연상법을 활용하는 것이 좋습니다. 다음은 상상력이 뛰어난 학생을 위한 몇 가지 연상법과 학습 방법입니다.

① 키워드 연상법(Keyword method)

이 방법은 단어의 의미와 관련된 키워드를 사용하여 연상합니다. 예를 들어, 'Affluent'는 부유한이라는 뜻인데, 'A full of money'라고 생각해볼 수 있습니다.

② 첫 글자 연상법(First letter method)

이 방법은 단어의 첫 글자를 사용하여 연상합니다. 예를 들어, 'ROYGBIV'는 무지개의 색깔을 나타내는데, "Richard Of York Gave Battle In Vain."라는 문장을 통해 그 순서와 색을 외울 수 있습니다.

③ 연속 이미지 연상법(Story method)

이 방법은 단어를 연속된 이미지로 표현하여 연상합니다. 예를 들어, 'Dog', 'Bread', 'Telephone'이라는 단어를 연상해보면, "개가 빵을 씹고 전화기를 먹는다."라는 재미있는 이미지를 만들어볼 수 있습니다.

ChatGPT를 활용한
심리정서적 피드백

심리정서적 영역은 학습자의 감정과 태도, 동기, 자아개념 등과 관련된 지식과 능력을 의미하며 학습자의 자아 개념, 자아 효능감, 자기 통제 능력, 동기, 태도, 감정, 인지 능력 등과 관련된 것들을 포함합니다. 이 영역은 학습자의 행동과 행동의 원인, 학습에 대한 태도와 동기, 그리고 학습자의 감정과 정서에 영향을 미치는 중요한 영역입니다. 학습자가 긍정적인 자아 개념과 자기 효능감, 그리고 흥미와 동기를 갖고 있다면 학습의 효과는 크게 향상됩니다. 반대로, 부정적인 자아 개념과 자기 효능감, 그리고 무관심이나 부정적인 태도, 감정 등이 있다면 학습 효과는 크게 저하될 수 있습니다. 따라서, 학습자의 심리정서적 영역을 이해하고 관리하는 것은 학습자의 학습 성취를 높이는 데 중요합니다.

　학습자에게 심리 정서적 영역의 피드백을 제공하는 방법은 다양합니다. 첫째, 적극적으로 칭찬과 격려를 하는 방법입니다. 학습자가 성취를 이룰 때 적극적으로 칭찬과 격려를 제공하면 자신감과 동기를 높일 수 있습니다. 이때, 칭찬과 격려는 구체적이고 세부적인 내용을 포함해야 합니다. 둘째, 개선점에 대해서는 부드럽게 지적해야 합니다. 비판적이거나 학습자를 공격하는 내용이 포함되지 않도록 주의해야 합니다. 셋째, 학습자가 자신의 의견을 자유롭게 표현하고, 활발하게 참여할 수 있는 분위기를 조성하는 것은 학습자의 심리정서적 영역 발달에 중요합니다. 그러므로 교수자는 학습자의 발언을 지지하며, 학습자가 궁금한 것이나 질문하는 내용을 적극적으로 수용하여 답변하는 것이 좋습니다. 넷째, 학습자와 함께 목표와 계획을 수립하는 방법이 있습니다. 함께 목표와 계획을 수립하면 학습자는 자신의 학습에 대한 책임감을 느끼며, 목표 달성을 위해 노력을 기울일 수 있는 동기를 얻을 수 있습니다.

　학습자에게 심리정서적 피드백을 하기 위해서 ChatGPT를 사용할 수 있습니다. ChatGPT를 활용하여 학습자가 작성한 글이나 문장에서 감정을 분석하여 심리정서적 피드백을 제공할 수 있습니다. 이를 통해 학습자는 자신의 긍정적인 감정을 인식하고 이를 증진시킬 수 있습니다. 물론, ChatGPT는 감정 분석을 수행하는 모델은 아닙니다. 하지만 감정 분석을 위한 다른 기술을 ChatGPT와 함께 활용하여 학습자의 글이나 문장에서 나타나는 감정을 분석할 수 있습니다. 예를 들어, AI 기술 발전을 통해 ChatGPT와 감정 분석 모델을 연결하여 입력 문장에 포함된 감정을 감지하고 그에 따라 적절한 응답을 생성하는 시스템을 구축할 수 있습니다. 시스템을 통해 학습자는 부정적인 감정을 처리하는 방법과 자신의 감정을 잘 다루는 방법에 대해 배울 수 있습니다. 또한, ChatGPT는 학습자가 던진 질문에 대한 답변을 즉시 제공할 수 있습니다. 학습자는 궁금한 것을 바로바로 해결할 수 있으며 자신의 의견을 적극적으로 표현하는 것에 대한 자신감을 높일 수 있습니다.

이러한 측면에서 ChatGPT로 인지적 영역보다 정서적 영역의 피드백을 생성하는 것이 더 수월하게 보일 수 있으나, 심리정서적 영역의 피드백 또한 현재의 기술로는 실제 교육 현장에 적용하기에 한계가 있습니다. 첫째, 기술이 고도화되어 ChatGPT로 감정을 분석하더라도 정확성에 한계가 있습니다. ChatGPT로 감정 분석을 수행할 수 있지만, 모든 감정을 100% 정확하게 분석할 수 있는 것은 아닙니다. 둘째, ChatGPT는 자연어 처리 작업에 대한 효과적인 도구이지만, 상호작용에서 한계가 있을 수 있습니다. 따라서 학습자와 원활하게 상호작용하기 위해서는 ChatGPT 외에도 다른 방법이 필요합니다. 셋째, ChatGPT 모델은 인간적인 면모를 가지고 있지 않기 때문에 학습자의 감정적인 상태를 완전히 이해하거나, 인간적인 관점에서의 조언을 제공하기 어려울 수 있습니다. 따라서 ChatGPT를 통해 제공되는 피드백은 항상 교수자의 검토를 거쳐 제공되어야 합니다. 마지막으로 인지적 영역과 마찬가지로 심리정서적 영역도 학습자 개인별 차이를 고려하기 어렵습니다. 이러한 이유로 ChatGPT를 통해 제공되는 심리정서적 영역에 대한 피드백은 정확하지 않을 수 있습니다.

ChatGPT를 활용한 심리정서적 피드백은 인지적 영역과 마찬가지로 학습자가 필요한 부분을 스스로 검색하는 방식이나 교수자의 학습자 피드백을 위한 정보 제공의 기능이 가장 보편적으로 활용될 수 있습니다. 학습자는 스스로 겪고 있는 심리적 어려움에 대해 ChatGPT로부터 증상 및 극복 방안에 대한 정보를 제공받을 수 있습니다.

Q. 학습 무기력 극복 방안을 알려 주세요.

A. 학습 무기력은 학습 동기 부여와 집중력 감퇴 등으로 인해 발생할 수 있습니다. 이를 극복하기 위한 방안은 다양합니다. 여기에는 몇 가지 방법을 제시하겠습니다.

① 목표 설정하기

학습에 있어서 목표 설정은 매우 중요합니다. 목표를 세우면 학습 동기가 높아지고, 목표를 달성하기 위해 노력하게 됩니다. 그러나 목표를 설정할 때에는 현실적이고 구체적인 목표를 설정하는 것이 좋습니다. 또한, 목표 달성을 위한 계획을 세우고, 그 계획에 따라 학습을 진행하는 것이 중요합니다.

② 자기 효능감을 높이기

자신감이 떨어지면 학습 동기가 떨어지게 됩니다. 자기 효능감을 높이기 위해서는 자신이 어떤 능력이 있는지, 어떤 것을 잘하고 있는지 인식하고, 그것을 더욱 발전시키는 노력을 해야 합니다. 또한, 자신이 잘하는 것들을 매일 기록하고, 그것을 다음 학습 계획에 반영하는 것이 도움이 됩니다.

③ 스트레칭이나 유산소 운동 등의 운동

　　스트레칭이나 유산소 운동은 몸과 마음의 피로를 줄이고 학습 동기 부여를 높이는 데 도움이 됩니다. 특히, 유산소 운동은 스트레스를 감소시키고 기분을 전환하는 데 효과적입니다.

④ 적극적으로 질문하기

　　학습 도중 이해하지 못하는 부분이나 궁금한 점은 적극적으로 질문하는 것이 중요합니다. 그것을 물어본다면, 이해도가 높아지고 학습에 대한 흥미도 높아질 수 있습니다.

⑤ 적절한 휴식과 노력의 균형 유지하기

　　학습 무기력은 지나친 노력과 휴식 부족으로 인해 발생하는 경우가 많습니다. 따라서, 학습과 휴식을 적절하게 조절하면서 무리하지 않는 선에서 노력을 기울이는 것이 중요합니다.

교수자 또한 학습자의 심리정서적 영역의 증진을 위해 ChatGPT 로부터 피드백을 받을 수 있습니다.

Q.　학습된 무기력을 겪는 학생을 지도하는 방법을 알려 주세요.

A.　학습된 무기력을 겪는 학생을 지도하는 방법은 다음과 같습니다.

① 학생의 어려움에 대한 이해와 공감

학습된 무기력을 겪는 학생들을 지도하려면, 학생의 어려움에 대한 이해와 공감이 필요합니다. 학생들은 스트레스, 불안, 우울 등의 감정을 겪을 수 있으며, 이러한 감정은 학습에 직접적인 영향을 미칩니다. 따라서 학생의 감정을 이해하고 공감하는 것이 중요합니다.

② 긍정적인 학습 동기 부여

학생들은 긍정적인 학습 동기 부여가 필요합니다. 학생들에게 명확한 목표와 계획을 제시하고, 그것을 달성하기 위한 동기 부여를 제공하는 것이 중요합니다. 학생들이 자신의 노력이 보상을 받을 수 있다는 것을 이해하면 학습에 더욱 흥미를 가지게 됩니다.

③ 자기 효능감 증진

학생들의 자기 효능감은 학습에서 매우 중요한 역할을 합니다. 자기 효능감이 높은 학생들은 학습에서 뛰어난 성취를 이루고 더욱 긍정적인 태도를 가지게 됩니다.

④ 학습 방법 지도

학생들은 자신에게 맞는 학습 방법을 찾아야 합니다. 학생들이 자신에게 맞는 학습 방법을 찾게 되면 학습에 대한 자신감이 높아지게 됩니다. 따라서, 학생들에게 다양한 학습 방법을 소개하고 그 중에서 자신에게 맞는 방법을 찾도록 지도하는 것이 중요합니다.

⑤ 지속적인 지도와 피드백 제공

학습된 무기력을 겪는 학생들을 지도하려면 지속적인 지도와 피드백 제공이 필요합니다. 학습은 지속적인 노력이 필요한 것이며, 학생들에게 지속적인 지도와 피드백을 제공하는 것이 중요합니다. 이를 통

해 학생들은 자신의 학습에 대한 불확실성을 줄이고, 학습에 대한 자신
감을 회복할 수 있도록 도와야 합니다.

4장 ChatGPT를 활용한 자기주도적 학습

/imagine prompt: Artificial intelligence, future education, teachers and students, customized learning, learning through chatting, writing education

교과 내용 학습

ChatGPT는 다양한 주제에 대한 지식과 정보를 가지고 있으며, 다양한
교과와 관련된 내용도 다룰 수 있습니다.

과학

ChatGPT는 천문학, 물리학, 화학, 생물학, 지질학 등 과학 과목에 대
한 내용을 다룰 수 있습니다. 이를 통해 천문학적 사건, 물리적 원리,
화학 반응, 생물의 생명 현상, 지질 현상 등에 대해 배울 수 있습니

다. ChatGPT를 활용하여 과학을 배우는 방법은 다양합니다. 아래는 ChatGPT를 활용하여 과학을 배우는 방법 중 일부입니다.

과학적 개념 학습

ChatGPT를 사용하여 과학적 개념을 학습할 수 있습니다. 물리학, 화학, 생물학 등 과학의 다양한 분야에 대한 정보를 얻을 수 있습니다. 다음은 ChatGPT를 활용하여 과학 개념을 학습하는 예시입니다.

① 물리학 개념 학습

Q. 뉴턴 제1법칙이란 무엇인가요?

A. 뉴턴 제1법칙, 또는 관성의 법칙이란 물체가 외부의 힘에 의해 작용을 받지 않으면 등속 운동을 유지한다는 법칙입니다.

② 화학 개념 학습

Q. 산성과 염기성 용액을 혼합하면 어떤 반응이 일어날까요?

A. 산성과 염기성 용액을 혼합하면 중화반응이 일어납니다. 이때, 수소 이온(H^+)과 수산화 이온(OH^-)이 결합하여 물(H_2O)이 생성됩니다.

③ 생물학 개념 학습

Q. 미토콘드리아는 어떤 기능을 하는 구조체인가요?

A. 미토콘드리아는 세포 호흡에서 에너지 생성에 중요한 역할을 합

니다. 또한, 세포 내부에서 생명 활동을 조절하는 등 다양한 생물학적 기능을 수행합니다.

ChatGPT는 입력된 질문을 바탕으로 적절한 답변을 제공하기 때문에 위와 같이 ChatGPT에 물리학, 화학, 생물학 등 다양한 과학 분야에 대해 질문하는 것을 통해 기본 개념을 학습할 수 있습니다.

문제 풀이 및 예제 연습

ChatGPT를 사용하여 과학 문제를 해결할 수 있습니다. 예를 들어 물리학에서 물체 운동 문제, 화학에서 반응식 문제, 생물학에서 유전자 조작 문제 등 다양한 과학 문제를 입력하면 ChatGPT가 문제를 이해하고 해결 방법을 제시합니다. 다음은 ChatGPT를 활용하여 과학 문제를 푸는 예시입니다.

① 물리학 문제

Q.   물체가 질량 2kg, 속도 10m/s로 움직이고 있을 때, 운동 에너지는 얼마인가요?

A.   운동 에너지는 100J입니다. 운동 에너지는 ½×질량×속도^{2}으로 계산할 수 있습니다.

② 화학 문제

Q. 물의 화학식 H_2O에서 '2'는 무엇을 의미하나요?

　　1. 수소 원자가 2개 있음을 나타냄

　　2. 산소 원자가 2개 있음을 나타냄

　　3. 수소와 산소 원자가 결합한 수가 2개임을 나타냄

　　4. 물 분자에서 2개의 결합이 있음을 나타냄

A. 수소가 산소 원자와 결합한 수가 2개임을 나타냅니다. 즉, 하나의 물 분자는 수소 원자 2개와 산소 원자 1개가 결합하여 이루어져 있습니다. 이러한 결합을 공유 결합이라고 합니다.

Q. 60°C의 물 200g에 질산칼륨을 녹여 포화 용액을 만든 다음, 용액을 30°C로 냉각시키면 몇 g의 질산칼륨이 석출 되나요? (단, 질산칼륨의 용해도는 60°C에서 108g, 30°C에서 48g입니다.)

A. 문제에서 주어진 조건에 따라 계산하면, 60°C에서 200g의 물에 최대로 녹을 수 있는 질산칼륨의 양은 200g×108g/100g=216g입니다. 따라서 이 용액은 포화 용액입니다.

　　그리고 이 포화 용액을 30°C로 냉각시키면, 용해도가 48g이므로 200g의 물에 최대로 녹을 수 있는 질산칼륨의 양은 200g×48g/100g=96g입니다. 따라서 초기의 포화 용액에서 200g의 물에 녹여진 질산칼륨 중에서 석출되는 양은 216g-96g=120g입니다.

　　따라서 60°C에서 200g의 물에 녹인 질산칼륨 중에서 30°C에서 석출되는 질산칼륨의 양은 120g입니다.

③ 생물학 문제

Q. 유전자 A가 대립 유전자 a를 지니고 있는 개체와 유전자 A가 대립
유전자 a를 지니지 않은 개체를 교배하였을 때, 유전자형 비율은 어떻
게 되나요?

A. 유전자형 비율은 1:1입니다. 유전자 A와 a는 동일한 염색체의 같
은 위치에 있는 대립 유전자이므로, 유전자형 비율은 1:1입니다.

위와 같이 ChatGPT로 물리학, 화학, 생물학 등 다양한 과학 분야
의 문제를 해결하는 것이 가능합니다. 문제의 유형과 난이도에 따라
ChatGPT의 답변 정확도는 다를 수 있으나, 대체적으로 수학 문제와
마찬가지로 과학 문제 풀이에도 ChatGPT를 사용할 수 있습니다.

실험 계획 수립

ChatGPT를 사용하여 실험 계획을 수립할 수 있습니다. 예를 들어, 화
학 실험 조건을 입력하면 ChatGPT가 최적의 실험 조건을 제시할 수
있습니다. 다음은 ChatGPT를 활용하여 과학 실험을 계획하는 예시입
니다.

Q. 식물의 광합성에 영향을 주는 조건이 빛의 세기인지 검증하기 위
해 1% 탄산수소나트륨 수용액을 활용해 실험을 하고자 합니다. 실험을
설계해주고 고려해야 할 실험 조건과 실험 결과를 알려 주세요.

A. 식물의 광합성에 영향을 주는 조건은 여러 가지가 있지만, 대표적인 조건으로는 빛, 이산화탄소, 그리고 온도가 있습니다. 이 중에서 빛이 가장 중요한 조건으로 작용합니다. 따라서 빛의 조건을 변화시키며 광합성에 미치는 영향을 실험으로 알아볼 수 있습니다.

① 실험 조건

　·광원: 빛의 세기를 다양하게 조절할 수 있는 광원이 필요합니다. LED 램프나 형광등을 활용할 수 있습니다.

　·식물: 실험에 사용할 식물은 일정한 크기와 상태의 건강한 식물이어야 합니다. 실험 전에 적절한 조건으로 기르는 것이 중요합니다.

　·비커: 탄산수소나트륨 수용액을 담을 비커가 필요합니다. 실험 전에 비커의 크기와 모양 등을 결정해야 합니다.

　·탄산수소나트륨 수용액: 1% 탄산수소나트륨 수용액을 사용합니다. 실험 전에 적절한 양을 측정하고 비커에 넣어야 합니다.

② 실험 절차

　·광원을 일정한 거리에 놓고 적절한 빛의 세기로 조절합니다.

　·비커에 적절한 양의 1% 탄산수소나트륨 수용액을 넣습니다.

　·식물의 잎을 선택하고, 잎의 표면을 건드리지 않도록 조심스럽게 비커 안에 넣습니다.

　·일정 시간이 지난 후, 식물의 잎이 떠오르는 시간을 기록합니다.

③ 실험 결과

　·빛의 세기가 낮은 경우, 식물의 잎이 가장 느리게 떠오릅니다.

　·빛의 세기가 높은 경우, 식물의 잎이 가장 빠르게 떠오릅니다.

　결과적으로 빛의 세기가 식물의 광합성에 영향을 미친다는 것을 알 수 있습니다. 빛의 세기가 적절하게 조절되면 광합성이 원활하게 이루어지는 것으로 나타납니다.

실험 계획을 수립하는 것은 과학 학습에서 매우 중요한 부분 중 하나입니다. ChatGPT를 활용하여 실험 계획을 수립하고, 이를 기반으로 실험을 진행함으로써 과학적 지식을 습득해 문제 해결 능력을 향상시킬 수 있습니다.

과학적 지식 검증

ChatGPT를 사용하여 과학석 지식을 검증할 수 있습니다. 과학적 명제에 대한 질문을 입력하면 ChatGPT가 해당 명제가 참인지 거짓인지 확인하고, 증명 방법을 제시할 수 있습니다. 다음은 ChatGPT를 활용하여 과학적 지식을 검증하는 예시입니다.

Q. 지구에서 달까지의 거리는 대략 얼마나 되나요?

A. 지구와 달 사이의 평균 거리는 약 384,400km입니다.

Q. 탄산음료의 거품이 생기는 이유는 산소 때문인가요?

A. 탄산음료의 거품이 생기는 이유는 이산화탄소(CO_2)가 수용액에서 분해되어 거품이 생기기 때문입니다. 이산화탄소는 탄산수소나트륨 등의 탄산음료에 용해되어 있으며, 뚜껑을 열면 압력이 낮아져 이산화탄소가 수용액에서 빠져나와 거품이 생깁니다. 따라서 거품이 생기

는 이유는 산소가 아닌 이산화탄소입니다.

위와 같이 ChatGPT에 과학적 명제에 대한 질문을 입력하면, ChatGPT가 해당 명제의 진위 여부를 검증하고 적절한 답변을 제공합니다. 과학적 지식은 검증 가능한 지식이므로 ChatGPT를 활용하여 정확성을 확보할 수 있습니다. 이를 통해, 학습자들은 과학적 지식에 대한 믿음을 갖고 문제를 해결할 수 있습니다.

역사

ChatGPT는 한국 역사, 세계 역사 등 다양한 주제를 다룰 수 있습니다. 특히, ChatGPT를 통해 다양한 문화, 지역, 시대의 역사적 사건과 인물들을 배울 수 있습니다. 예를 들어, ChatGPT에게 특정 역사적 사건에 대한 질문을 던지면 해당 사건의 배경, 원인, 결과 등에 대한 설명을 제공해 줍니다. 또한, 역사적 인물이나 문화, 정치, 사회 등 다양한 역사적 사실에 대한 지식도 습득할 수 있습니다. 다음은 ChatGPT를 활용하여 역사를 배우는 방법의 예시입니다.

Q. 프랑스 대혁명이 일어난 배경을 알려 주세요.

A. 프랑스 대혁명은 주로 경제적인 요인으로 일어났습니다. 국왕과

귀족의 과도한 세금 부과와 국민의 가난, 농업 부진 등이 대혁명의 원인이 되었습니다.

Q. 제1차 세계 대전이 발발한 이유를 알려 주세요.

A. 제1차 세계 대전은 국지적인 이유와 국제적인 이유로 발발하였습니다. 국지적인 이유로는 오스트리아-헝가리 제국과 세르비아 사이의 갈등이 있었고, 국제적인 이유로는 유럽의 각 나라들이 제국주의와 군비 경쟁이 있었습니다.

다만, ChatGPT가 제공하는 내용은 인간이 작성한 책이나 논문에서 가져온 것이기 때문에, 모든 내용이 정확하지는 않을 수 있습니다. 따라서, ChatGPT가 제공하는 내용을 참고하면서 다양한 출처를 비교하여 역사적 사실을 정확하게 이해하는 것이 좋습니다.

문학

ChatGPT를 활용해 한국 문학과 세계 문학의 여러 작가와 작품들을 배울 수 있습니다. 특히, ChatGPT는 한국어에 대한 이해도가 높아서 문학 작품 분석에 활용할 수 있습니다. ChatGPT를 이용하여 한국 소설의 문체나 특징에 대해 학습할 수 있고 한국 문학 작품의 요약이나 구절의 의미를 해석하는 연습을 할 수도 있습니다.

Q. 《남한산성》을 요약하고 분석해 주세요.

A. 《남한산성》의 내용을 요약해보면 다음과 같습니다.

"한양을 수호하기 위해 남한산성을 지은 군주들과 그 시대의 이야기를 담은 소설. 궁중과 군주들의 갈등, 노비제도 등의 사회 문제를 다루고 있으며, 이들의 복잡한 인간관계와 욕망을 그려내고 있다."

또한,《남한산성》소설을 분석해보면, 이 작품은 조선시대 궁중과 군주들의 역사를 배경으로 하고 있으며, 이들의 정치적 갈등과 인간관계를 그리고 있습니다. 또한, 작품은 현실적인 노비제도 문제를 다루고 있어서, 당시 사회적 이슈를 반영하고 있음을 알 수 있습니다.

Q. 《남한산성》의 문체, 특징, 캐릭터, 플롯, 테마를 분석해 주세요.

A. 《남한산성》은 조선시대 궁중과 군주들의 이야기를 다룬 역사 소설로, 작품 내부에는 인간의 욕망, 이별과 충돌, 그리고 이를 둘러싼 복잡한 관계들이 묘사되어 있습니다.

문체나 특징 측면에서는,《남한산성》은 강렬하고 직설적인 문장으로 이루어져 있으며, 일부 곳곳에는 한문구가 등장하기도 합니다. 작가 김훈은 작품 속 인물들의 정서와 이야기를 풀어낼 때, 상세하고 풍부한 묘사와 표현을 사용하여 독자의 감정을 자극하고 있습니다.

캐릭터나 플롯 측면에서는,《남한산성》은 궁중과 군주들의 복잡한 인간관계를 다루고 있습니다. 작품 속 주인공들은 자신의 이익을 위해 다양한 계략과 갈등을 펼치며, 이를 둘러싼 정치적인 갈등도 높은 긴장감을 유지합니다.

테마 측면에서는,《남한산성》은 궁중과 군주들의 인간관계와 이를 둘러싼 정치적인 갈등을 다루고 있습니다. 작품은 현실적인 문제를 다루면서도, 이를 통해 인간의 욕망과 충돌, 이별과 화해 같은 인간의 감정과 역사적인 과정을 풍부하게 그려내고 있습니다.

Q. 김춘수의 시 〈꽃〉에서 아래 구절이 의미하는 것은 무엇인가요?
내가 그의 이름을 불러주었을 때,
그는 나에게로 와서
꽃이 되었다.
A. 이 구절은 사람과 자연 사이의 상호작용을 시적으로 표현한 것입니다. 화자가 그의 이름을 부르기 전까지 그는 그저 사물일 뿐이었습니다. 하지만 화자가 그의 이름을 부른 이후에 그는 화자와 함께 하게 되어 꽃이 되었다는 것입니다.

수학

ChatGPT는 대수학, 기하학, 해석학, 확률론 등 수학과 관련된 다양한 주제를 다룰 수 있습니다. 이를 통해 수학적 원리와 문제 해결 능력을 향상시킬 수 있습니다. ChatGPT를 활용하여 수학을 배우는 방법은 다양합니다.

수학 공식 및 개념 학습
ChatGPT를 사용하여 수학적 개념 및 공식을 학습할 수 있습니다. 대

수학, 기하학, 해석학 등 수학의 다양한 분야에 대한 정보를 얻을 수 있습니다. 다음은 ChatGPT를 활용하여 수학 공식 및 개념을 공부하는 예시입니다.

① 수학 공식 학습

Q. 삼각함수 공식

A. 삼각함수 공식에는 다음과 같은 공식들이 있습니다. 삼각함수는 각의 크기에 대한 함수를 의미합니다. 삼각함수 공식들은 이러한 각을 다루는 공식으로, 다양한 수학 문제를 해결하는 데 사용되며 덧셈공식, 곱셈공식 등이 있습니다.

삼각함수의 덧셈공식

· $\sin(x \pm y) = \sin x \cos y \pm \cos x \sin y$

· $\cos(x \pm y) = \cos x \cos y \mp \sin x \sin y$

· $\tan(x \pm y) = \dfrac{\tan x \pm \tan y}{1 \mp \tan x \tan y}$

삼각함수의 곱셈공식

· $\sin x \cos y = \frac{1}{2} \sin[(x+y) + \sin(x-y)]$

· $\cos x \sin y = \frac{1}{2} \sin[(x+y) - \sin(x-y)]$

· $\cos x \cos y = \frac{1}{2} \cos[(x+y) + \cos(x-y)]$

· $\sin x \sin y = \frac{1}{2} \cos[(x+y) - \cos(x-y)]$

② 수학 개념 학습

Q. 확률의 정의

A. 확률은 어떤 사건이 발생할 가능성의 크기를 나타내는 개념입니다. 확률은 0과 1 사이의 값을 가지며, 0에 가까울수록 발생 가능성이 낮고, 1에 가까울수록 발생 가능성이 높습니다. 확률은 경험적 방법, 수학적 방법 등을 통해 계산될 수 있습니다.

③ 수학 공식 계산

Q. 두 점 사이의 거리 공식 (2,3), (5,7)

A. 두 점 (2,3)과 (5,7) 사이의 거리는
$$\sqrt{(5-2)^2 + (7-3)^2} = \sqrt{9+16} = \sqrt{25} = 5$$입니다.

문제 풀이 및 예제 연습

ChatGPT를 사용하여 수학 문제를 해결할 수 있습니다. 예를 들어, 다항식의 계산, 방정식의 해 구하기, 삼각함수의 계산 등 수학 문제를 입력하면 ChatGPT가 문제를 이해하고 해결 방법을 제시할 수 있습니다. 다음은 ChatGPT를 활용하여 수학 문제를 푸는 예시 중 일부입니다.

① 방정식 문제

Q. $4x - 7 = 5x + 2$, x의 값은?

A. $x = -9$

② 삼각함수 문제

Q. sin30°의 값은?

A. ½

③ 수열 문제

Q. 1, 4, 7, 10, 13, ... , 22번째 항은?

A. 64

④ 대수학적 문제

Q. 다음 다항식의 인수분해를 구하세요: $x^2 + 2x - 15$

A. $(x+5)(x-3)$

⑤ 기하학적 문제

Q. 직각삼각형 ABC에서 각 B의 크기가 90도이고, AB=3, BC=4일 때, CA의 길이를 구하세요.

A. CA = 5

⑥ 확률적 문제

Q. S, T, O, N, E의 5개의 문자를 일렬로 나열할 때, S 또는 O가 맨 앞에 올 확률은?

A. S, T, O, N, E의 5개의 문자를 일렬로 나열하는 경우의 수는 총 5! = 120가지입니다. S 또는 O가 맨 앞에 올 경우의 수는 다음과 같이 계산할 수 있습니다.

S가 맨 앞에 올 경우, 나머지 4개의 문자를 일렬로 나열하는 경우의 수는 4! = 24가지입니다.

O가 맨 앞에 올 경우, 나머지 4개의 문자를 일렬로 나열하는 경우의 수는 4! = 24가지입니다.

따라서 S 또는 O가 맨 앞에 올 확률은 $^{48}/_{120}$ = $^2/_5$ 입니다.

ChatGPT는 고난도 수학 문제나 복잡한 수식, 긴 계산 등을 처리하는 데 어려움이 있을 수 있습니다. 하지만, ChatGPT를 통해 수학적 지식을 검증하거나 수학 문제의 해결 방법 등을 제시하는 것은 가능합니다. 따라서, ChatGPT를 활용하여 수학 문제를 푸는 데 있어서는 문제의 유형과 난이도에 맞게 사용하는 것이 좋습니다.

① 난이도 : 하

Q. 2x + 5 = 15, x의 값은?

A. x = 5

② 난이도 : 중

Q. 삼각형 ABC에서 각 A의 크기가 60°, AB=3, AC=6일 때, BC의 길이는?

A. BC = $3\sqrt{3}$

③ 난이도 : 상

Q. 다음 이차 방정식의 근을 구하세요.

$$2x^2 + 7x + 6 = 0$$

A. x = -2, -³⁄₂

문제 생성

ChatGPT로 다양한 수학 문제를 생성하여 문제 풀이를 연습할 수 있습니다. 다음은 ChatGPT를 활용하여 수학 문제를 만드는 예시입니다.

Q. 중학교 2학년 수학 문제를 만들고 풀이해 주세요.

A. ① 문제 : 2x+3y=7, x−y=1일 때, x와 y의 값을 구하시오.

풀이 : 두 번째 방정식에서 x=1+y로 놓을 수 있습니다. 이를 첫 번째 방정식에 대입하여 y에 대한 방정식을 만듭니다.

2(1+y)+3y=7 ⇒ 5y+2=7 ⇒ 5y=5 ⇒ y=1

이제 y=1을 첫 번째 방정식에 대입하여 x를 구합니다.

2x+3=7 ⇒ 2x=4 ⇒ x=2

따라서 이 연립방정식의 해는 (x, y) = (2, 1)입니다.

② 문제 : A와 B가 서로 같은 방향으로 100km/h, 50km/h의 속도로 이동하고 있습니다. 처음에 B가 A보다 600km 앞서 있을 때, 얼마 후에 만나게 될까요?

풀이 : A와 B가 서로 만나려면 이동 거리가 같아져야 합니다. 이때

이동 거리 = (속력 × 시간) 입니다. 따라서, 만나기까지 걸리는 시간 t를 구하기 위해 다음과 같은 방정식을 세울 수 있습니다.

t시간 이동했을 때 A의 이동 거리 = t시간 이동했을 때 B의 이동 거리

$100t = 50t + 600$

$50t = 600$

$t = 12$

따라서, A와 B가 만나는 시간은 12시간 후입니다.

Q. 완전제곱식을 알려주고 퀴즈를 내주세요.

A. 완전제곱식이란, 식의 형태를 $(x \pm a)^2$의 형태로 나타낼 수 있는 식을 말합니다.

퀴즈: $x^2 + 8x + 16$을 완전제곱식으로 나타내보세요.

Q. $(x + 4)^2$

A. 네, 정답입니다!

수학적 지식 검증

ChatGPT를 사용하여 수학적 지식을 검증할 수 있습니다. 수학적 명제에 대한 질문을 입력하면 ChatGPT가 해당 명제가 참인지 거짓인지 확인하고, 증명 방법을 제시합니다. 다음은 ChatGPT를 활용하여 수학적 지식을 검증하는 예시입니다.

① 대수학적 명제 검증

Q. 다음 명제가 참인지 거짓인지 판별하세요.

$(a+b)^2 = a^2 + 2ab + b^2$

A. 위 명제는 참입니다. 이는 완전제곱식에서 유도됩니다.

② 기하학적 명제 검증

Q. 다음 명제가 참인지 거짓인지 판별하세요.

두 직선은 반드시 한 점에서 만난다.

A. 이 명제는 거짓입니다. 두 직선이 서로 평행하면 서로 만나지 않기 때문입니다.

③ 확률적 명제 검증

Q. 다음 명제가 참인지 거짓인지 판별하세요.

동전을 2번 던질 때, 앞면이 2번 나올 확률은 ½입니다.

A. 동전을 한 번 던질 때, 앞면이 나올 확률은 ½이 맞습니다. 그러나 이것은 두 개의 완전히 독립된 사건이며, 이전의 결과는 다음 결과에 영향을 미치지 않습니다. 따라서 두 번 던졌을 때 앞면이 두 번 연속해서 나올 확률은 ½×½ = ¼이 됩니다. 즉, 이 명제는 잘못된 정보를 전달하고 있습니다.

이처럼 ChatGPT를 활용하여 수학적 명제의 참, 거짓 여부를 검증하는 것이 가능합니다. ChatGPT를 사용하여 수학적 지식을 검증하고 틀린 개념을 바로잡아 나가는 것은 수학 학습에서 매우 유용합니다.

교과로서의 언어 학습

ChatGPT는 영어, 중국어, 일본어 등 다양한 언어에 대한 정보와 문법, 어휘 등을 다룰 수 있습니다.

단어 학습

ChatGPT를 이용하여 단어 리스트를 생성하고, 해당 단어들의 의미와 사용 예시 등을 학습할 수 있습니다. 예를 들어, '사랑', '우정', '감사' 등의 단어를 입력하면, ChatGPT 모델은 해당 단어의 의미와 사용 방법, 유의어 및 반의어 등을 제시할 수 있습니다.

Q. '友谊'이라는 단어의 의미와 사용 방법을 유의어 및 반의어와 함께 알려 주세요.

A. '友谊'는 중국어에서 '우정'을 의미하는 단어입니다. 이 단어는 '친구 사이의 강한 감정이나 관계'를 나타내며, 서로 이해하고 지지해 주며 함께 행복하고 슬픔을 나누는 관계를 말합니다.

'友谊'의 유의어로는 '交情(교우의 정)'이 있습니다. 이 단어는 '서로 깊은 감정으로 서로에게 다가가는 관계'를 나타내며, '우정'과 유사한 의미를 지니고 있습니다.

반대로 '友谊'의 반의어는 '仇恨(원한)'이 있습니다. 이 단어는 '서로의 적으로 인한 강한 감정이나 불화'를 의미합니다.

문법 학습

ChatGPT를 이용하여 문법 규칙을 학습할 수 있습니다. 예를 들어, "He is going to the store."와 같은 문장을 입력하면, ChatGPT 모델은 해당 문장의 주어, 동사, 목적어 등을 인식하고, 문장 구성과 문법 규칙을 설명할 수 있습니다.

Q. '我去学校。'의 뜻과 이 문장에서 사용된 문법을 알려 주세요.

A. '我去学校。'는 중국어로 '나는 학교에 갑니다.'라는 뜻입니다. 이 문장의 구성은 주어 + 동사 + 목적어입니다. 구체적으로는

주어 : 我(wǒ)는 '나'를 뜻합니다.

동사 : 去(qù)는 '가다'를 뜻하는 동사입니다. '去' 다음에 오는 목적어는 동작을 수행하는 장소를 나타냅니다.

목적어 : 学校(xuéxiào)는 '학교'를 뜻합니다.

중국어에서는 문장의 순서가 중요합니다. 주어, 동사, 목적어 순으로 배치하는 것이 일반적입니다.

글쓰기 연습

ChatGPT를 이용하여 특정 토픽에 대한 글쓰기 연습을 할 수 있습니다. 예를 들어, '여행'에 대한 글쓰기를 연습하고 싶다면, 해당 주제와 관련된 키워드를 입력하고, ChatGPT가 생성한 문장을 참고하여 글쓰

기를 연습할 수 있습니다.

Q.   일본어로 '여행'과 관련하여 글을 쓰고 싶은데, '음식', '관광지'라는 키워드를 사용하고 싶습니다.

A.   일본어로 '여행'과 관련하여 글을 쓰는 것이라면, '旅行'이라는 단어를 사용할 수 있습니다. '음식'은 '食べ物'(たべもの, Tabemono), '관광지'는 '観光地'(かんこうち, Kankouchi)로 표현할 수 있습니다. 예를 들어, "私は先月、日本に旅行に行きました。京都で美味しい食べ物を食べたり、東京の有名な観光地を訪れたりしました."라고 쓸 수 있습니다. (저는 지난달 일본에 여행을 갔습니다. 교토에서 맛있는 음식을 먹었고, 도쿄의 유명한 관광지를 방문했습니다.)

Q.   孔子是中国古代著名的思想家和教育家, 他的学说被后世奉为儒家经典之一。孔子强调修身齐家治国平天下, 提出了'仁、义、礼、智、信'的五个核心价值观, 被视为中国传统文化中的重要思想。
위 내용을 해석하고 글의 핵심 내용을 알려 주세요.

A.   위의 내용은 다음과 같이 해석할 수 있습니다.

"孔子는 중국 고대의 유명한 사상가이자 교육가로, 그의 학설은 후세에 유가로 존중받아 유가 경전 중 하나가 되었다. 그는 인성을 기르고 가정을 다스리며 국가를 통치하고 천하를 평화롭게 하는 것을 강조하였으며, '인, 의, 예, 지, 신' 다섯 가지 핵심 가치관을 제시하여 중국 전통 문화에서 중요한 사상으로 여겨졌다."

이 글의 핵심 내용은 공자가 중국 전통 문화에서 매우 중요한 위치를 차지하고, 그의 교리는 인, 의, 예, 지, 신 다섯 가지 핵심 가치를 제시하고 있다는 것입니다.

인문학

ChatGPT는 철학, 심리학, 사회학, 문학, 역사, 철학, 종교, 예술사, 언어학, 인류학 등과 관련된 다양한 주제를 다룰 수 있습니다. 이를 통해 인간의 삶과 인간관계, 사회 현상 등에 대해 배울 수 있습니다. 이 중에서도 ChatGPT를 활용하여 문장 생성, 요약, 번역, 분석 등을 수행할 수 있는 대표적인 인문학 과목은 다음과 같습니다.

- 문학 분석: 소설, 시, 극작품 등의 문학 작품에 대한 분석과 비평
- 역사 연구: 역사 사실과 사건, 인물, 문화 등에 대한 연구와 분석
- 철학 이론: 철학적인 개념과 이론에 대한 이해와 비판적 사고
- 예술사 연구: 미술, 음악, 영화 등의 예술 작품에 대한 분석과 비평
- 언어학 연구: 언어 구조, 문법, 의미론, 화용론 등에 대한 연구와 분석
- 인류학 연구: 문화, 사회, 언어, 종교, 집단 등에 대한 연구와 분석

Q. 철학에 대한 개념을 알려 주세요.

A. 철학(Philosophy)은 인간의 존재, 삶, 사상, 지식, 윤리 등 인간이

직면하는 모든 문제에 대해 이론적으로 탐구하는 학문입니다.

철학은 고대 그리스의 인문학적인 전통으로부터 시작되었으며, 이후에는 유럽을 비롯한 세계 여러 지역에서 발전하면서 많은 분야로 세분화되어 왔습니다.

철학의 분야로는 존재론, 인식론, 논리학, 윤리학, 정치철학, 심리학, 미학 등이 있습니다. 각 분야는 서로 긴밀한 관계를 가지며 전체적으로 철학은 인간의 존재와 진리, 지식, 윤리, 정치 등 인간의 생각과 행동, 사회 구조 등을 철학적으로 이해하고 해석하는 학문입니다.

Q. 윤리학의 주요 개념을 설명해 주세요.

A. ① 윤리학에서는 도덕적 선택을 하기 위해 어떤 가치들이 중요한지에 대해 논의합니다.

② 윤리학은 선을 분명하게 하고, 그것을 따르기 위한 명백한 이유를 찾으려는 노력입니다.

③ 윤리학은 종종 논쟁의 여지가 있는 문제를 다루며, 인간 행동과 관련된 가치를 탐구합니다.

Q. 철학적인 질문을 알려 주세요.

A. '인간의 본성은 무엇인가요?', '진리는 절대적인가요, 상대적인가요?', '우리는 자유일까요, 운명에 따라 움직이는 존재일까요?', '우리가 존재하는 의미는 무엇인가요?', '선과 악은 존재할까요, 아니면 인간이 만든 개념일까요?' 등의 철학적인 질문들이 있습니다.

Q. 진리는 절대적인가요, 상대적인가요?

A. 이 질문은 철학적인 문제로, 다양한 철학자들이 서로 다른 답을 내놓았습니다. 일반적으로 진리가 절대적인지 상대적인지에 대한 논쟁은 '상대주의 vs. 절대주의' 논쟁으로 알려져 있습니다.

절대주의 입장에서는 진리는 절대적이며 모든 상황에서 참된 것으로 인식됩니다. 이러한 절대주의적 시각은 신앙이나 철학적 전통에서 찾아볼 수 있습니다.

반면에, 상대주의 입장에서는 진리는 개인적이거나 문화적인 배경에 따라 달라질 수 있습니다. 이러한 상대주의적 시각은 사회학, 문화인류학, 상대성이론 등에서 주로 나타나며, 문화적 다양성을 존중하고 다른 문화나 관점을 이해하기 위해 필요한 방법이라고 주장합니다.

물론 이 두 시각만이 존재하는 것은 아니며, 다양한 접근법과 관점이 존재합니다. 이러한 철학적 논쟁은 진리의 개념과 성격에 대한 이해를 높이고, 인간의 인식과 인간의 존재 그 자체에 대한 깊은 이해를 제공합니다.

예술

ChatGPT는 미술, 음악, 연극, 영화 등과 관련된 다양한 주제를 다룰 수 있습니다. ChatGPT를 사용하여 예술 작품에 대한 분석, 해석, 비판, 평가, 창작 등의 다양한 학습 활동을 수행할 수 있습니다. 또한, ChatGPT를 사용하여 예술 작품에 대한 문장 생성, 작품 분석에 대한 질문 생성,

작품 비교 및 대조 등을 수행할 수도 있습니다.

미술 작품의 분석 및 해석

ChatGPT를 이용하여 미술 작품의 분석 및 해석을 할 수 있습니다. 모델에게 작품의 제목이나 작가, 시대 등의 정보를 제공하면 해당 작품에 대한 분석이나 해석을 생성해 줄 수 있습니다.

Q.   반 고흐의 대표작품 〈별이 빛나는 밤(Starry Night)〉을 분석하고 해석해 주세요.

A.   반 고흐의 대표작 〈별이 빛나는 밤〉은 1889년 프랑스의 생 레미에서 그려졌습니다. 이 작품은 반 고흐의 인상주의 예술의 정점으로 평가되며, 그의 후기 작품 중 가장 유명한 작품입니다.

이 작품은 반 고흐가 병원 생활을 하면서 창문 밖을 내다보며 느낀 감정과 인상을 그린 것입니다. 작품에서는 밤하늘에 별들이 반짝이며 작은 마을과 나무들이 그려져 있습니다. 밤하늘의 별과 달, 작은 마을과 나무들이 창문 밖으로 내다보이는 모습에 반 고흐의 내면의 감정과 불안, 절망 등이 담겨져 있습니다.

반 고흐는 이 작품을 그리면서 흑백의 이중성과 곡선을 강조했습니다. 작품 전체적으로 파란색과 노란색의 대조적인 색감이 사용되며, 이는 작가의 내면적인 갈등을 나타냅니다. 반 고흐는 또한 곡선을 사용해 작품에 동적인 느낌을 주었으며, 이는 작가의 내면적 갈등을 더욱 강조하는 효과를 냅니다.

이 작품은 반 고흐의 대표작 중 하나로 평가되며, 그의 정신적 고통과 예술적 열정을 담고 있는 작품입니다. 또한, 이 작품은 현대적 예술에서 영향력을 크게 발휘합니다.

창작 아이디어 제공

ChatGPT를 이용하여 새로운 작품의 창작 아이디어 생성할 수 있습니다. 이를 위해서는 모델에게 작품의 장르나 스타일, 주제 등의 정보를 입력하면 됩니다.

Q. 대자연의 아름다움을 담아낸 산과 강, 그리고 나무들이 어우러진 풍경을 그리고 싶습니다. 창작 아이디어를 제공해주고 어떤 재료와 어떤 화풍으로 그림을 그리면 좋을지 추천해 주세요.

A. 산과 강, 나무들이 어우러진 풍경을 그리는 창작 아이디어로는 다음과 같은 것들이 있습니다.

· 한 폭의 수채화: 얇은 종이와 수채화 재료로 자연적인 색감과 질감을 부여하여 대자연의 아름다움을 담아낼 수 있습니다. 브러시와 물의 비율을 조절하면서 색상을 레이어링하고 세부적인 디테일을 추가해 나갈 수 있습니다.

· 혼합 미술: 산과 강, 나무 등을 재료로 활용하여 3D 형태로 나타내고 그 위에 색감을 더해가며 표현할 수 있습니다. 종이나 캔버스 대신 나무 조각이나 실재적인 소재를 활용하면 더욱 생동감 있는 작품을

만들어낼 수 있습니다.

· 디지털 아트: 컴퓨터 그래픽 소프트웨어를 활용하여 자연적인 색감과 디테일을 구현할 수 있습니다. 다양한 도구와 레이어 기능을 사용하면서 산과 강, 나무 등의 각각의 요소를 따로 그리고 결합하며 작품을 완성해 나갈 수 있습니다.

· 위의 작업을 위해서는 수채화 물감, 종이, 나무, 레진, 디지털 그래픽 소프트웨어 등이 필요합니다. 화풍은 자신이 선호하는 스타일로 자유롭게 그리시면 됩니다.

작품 추천

ChatGPT 모델을 이용하여 사용자가 좋아할 만한 작품을 추천해 줄 수도 있습니다. 이를 위해서는 사용자의 취향이나 선호하는 작품 등의 정보를 제공해야 합니다.

Q. 초현실주의 그림을 추천해 주세요.

A. 초현실주의는 현실과 비현실적인 요소를 혼합하여 그림을 그리는 예술적 기법으로, 아래의 작가들과 그림들을 추천합니다.

Salvador Dali: 〈The Persistence of Memory〉

René Magritte: 〈The Son of Man〉

Max Ernst: 〈The Robing of the Bride〉

Giorgio de Chirico: 〈Mystery and Melancholy of a Street〉

이 작가들은 초현실주의의 대표적인 예술가들이며, 그들의 그림들은 현실과 꿈의 세계, 혹은 인간의 무의식과 의식 사이의 경계를 모호하게 표현합니다.

외국어 학습

ChatGPT는 자연어 처리 분야에서 활용되는 인공지능 기술로 자연어 이해와 생성 능력을 갖추고 있기에 영어, 한국어, 중국어, 일본어 등 다양한 언어에 대한 정보와 문법, 어휘 등을 다룰 수 있습니다. 따라서, ChatGPT를 활용하면 외국어를 학습할 수 있습니다.

ChatGPT를 사용하여 외국어를 학습하는 방법

ChatGPT로 회화 연습하기

ChatGPT와 대화하면서 단어나 문장의 의미와 문법 등에 대해 배우면서 자연스러운 외국어 활용 대화를 할 수 있는 능력을 향상시킬 수 있습니다.

Q. 다음 주 미국에 여행을 가려합니다. 카페에서 간단한 영어로 주문을 하고 싶은데 대화 연습을 하고 싶어요.

A. 좋습니다! 영어로 주문하는 방법을 연습해 보겠습니다. 가장 일반적인 주문 방법은 다음과 같습니다.

① 카페에 들어가서 인사합니다.

'Hello'나 'Hi'로 시작하는 것이 일반적입니다.

② 원하는 음료를 말합니다.

'Can I have a coffee, please?'나 'I'll have a latte, please.'와 같이 명확하게 주문하세요.

③ 옵션을 선택합니다.

음료 사이즈나 설탕의 양, 어떤 종류의 우유 등 선택할 수 있는 옵션이 있다면 말해 주세요.

④ 결제합니다.

카페에 따라서 결제 방법이 다를 수 있으니, 직원에게 물어보세요.

⑤ 감사의 인사를 합니다.

'Thank you'나 'Thanks'로 마무리합니다.

이렇게 간단한 주문을 영어로 해보시면 좋을 것 같습니다. 실제로 미국에서는 매우 일상적인 상황이니 걱정하지 마시고 연습해보세요!

Q. 그럼 카페에서 대화하는 상황으로 저와 대화 연습을 해보아요. 제가 주문을 할게요.

Hi, Can I have a coffee, please?

A. Of course! What kind of coffee would you like? We have many options such as latte, cappuccino, and Americano.

Q. I want to large size.

A. 영어로 정확하게 말하면 'I want a large size.'가 맞습니다.

Q. I want a large one.

A. 좋아요, 정확히 말씀하셨습니다! 'I want a large one.'은 '저는 큰 사이즈 하나 주문하고 싶어요.'라는 뜻입니다.

Sure. What kind of coffee would you like?

Q. I want a iced latte.

A. 대화를 이어나가겠습니다.

Cafe staff: Sure, would you like any syrup or flavor shot with that?

You: Can I have a vanilla syrup, please?

Cafe staff: Of course, anything else?

You: No, that's all. How much is it?

Cafe staff: That'll be $4.50.

You: Here you go. Thank you.

Cafe staff: Thank you, enjoy your iced latte!

ChatGPT로 글쓰기

ChatGPT가 생성한 텍스트를 읽어보면서, 단어와 문장의 구조, 사용되는 표현 등을 습득할 수 있습니다. 이를 통해, 언어적 지식을 보다 효과적으로 습득할 수 있습니다. 예를 들어, 주어진 주제나 키워드를 바탕으로 ChatGPT에게 문장을 생성하도록 요청하면, ChatGPT는 주어진 주제나 키워드에 기초해 자연스러운 문장을 생성해 줄 수 있습니다.

Q. '우정'을 주제로 영어로 글을 써 주세요

A. Friendship is one of the most valuable things in life. It is a bond between two people that is built on trust, respect, and love. Friends are the people who stand by your side through thick and thin, who share your joys and sorrows, and who lift you up when you are feeling down.

The beauty of friendship lies in the fact that it knows no boundaries. It doesn't matter where you come from, what your background is, or what language you speak. As long as you have a shared understanding and respect for each other, you can form a lasting bond that can withstand the test of time.

In a world that can often feel disconnected and lonely, having true friends can make all the difference. They provide a sense of belonging, comfort, and support that can help us navigate the ups and downs of life.

In short, friendship is a priceless treasure that we should cherish and nurture. It is a reminder that we are not alone in this world and that there are people who care about us and want to see us thrive.

우정은 인생에서 가장 귀중한 것 중 하나입니다. 그것은 신뢰, 존경, 그리고 사랑에 기반한 두 사람 간의 유대감입니다. 친구들은 언제나 우리 곁에서 우리와 함께 기쁨과 슬픔을 나누고 우리가 기운이 없을 때 우리를 일으켜 세워 줍니다.

우정의 아름다움은 경계가 없다는 것입니다. 출신이나 배경, 언어가 무엇이든 상관 없습니다. 서로에 대한 이해와 존중이 있다면 시간이 지나도 지속될 수 있는 지속적인 유대감을 형성할 수 있습니다.

때론 연결되어 있지 않고 외로운 세상에서 진정한 친구가 있다는 것은 모든 것을 바꿀 수 있습니다. 그들은 우리에게 소속감, 안정감, 그리고 지지를 제공하여 인생의 고난과 역경을 극복할 수 있도록 도와줍니다.

요약하자면, 우정은 우리가 소중히 여겨야 할 값비싼 보물입니다. 그것은 우리가 이 세상에 혼자가 아니며, 우리를 돌보고 성장시켜주고 싶어하는 사람들이 있다는 것을 상기시켜 줍니다.

ChatGPT로 단어 또는 문장 해석 및 분석하기

ChatGPT가 문장을 해석 또는 분석하도록 하여 문법, 단어 선택, 문장 구성 등에 대해 학습할 수 있습니다.

Q.   Precarious의 뜻과 예문을 알려 주세요.

A.   Precarious는 '불안정한', '위태로운'이라는 뜻입니다.

예문: She climbed the precarious ladder to reach the top shelf.

(그녀는 매우 위태로운 사다리를 오르며 맨 윗단에 위치한 선반에 다가갔다.)

The country's economy is in a precarious state due to the pandemic.

(해당 국가의 경제는 전염병으로 인해 매우 불안정한 상태이다.)

Q.   'He have a book.'의 문법을 분석해 주세요.

A.   문법적으로는 'He have a book.'는 틀린 문장입니다. 올바른 문장은 'He has a book.' 또는 'He has books.'입니다. 'have'는 동사의 기본형이며 세 번째 인칭 단수 주어인 'He'와 함께 쓰일 때는 'has'로 변형됩니다. 따라서 정확한 문법으로는 'He has a book.'이 됩니다.

Q.   'Pretty', 'Gorgeous', 'Lovely'의 문법적 차이를 설명해 주세요.

A.   'Pretty', 'Gorgeous', 'Lovely'는 모두 형용사이며, 비슷한 뜻을 가

지고 있지만 문법적으로 나른 차이가 있습니다.

'Pretty'는 일반적으로 어떤 것이 귀여우면서도 세련되고 매력적이라는 뜻을 가지며, 가벼운 어조나 대화에서 자주 사용됩니다. 예를 들어, 'She is wearing a pretty dress.' 또는 'The flowers in the garden are pretty.'와 같은 문장에서 사용됩니다.

'Gorgeous'는 '아름다운', '멋진', '화려한'을 의미하며, 일반적으로 사랑스러운 미모나 훌륭한 디자인에 대한 강한 감정을 나타냅니다. 예를 들어, 'She looks gorgeous in that dress.' 또는 'The sunset was absolutely gorgeous.'와 같은 문장에서 사용됩니다.

'Lovely'는 '사랑스러운', '매력적인'을 의미하며, 일반적으로 더욱 사랑스럽고 인상적인 것을 나타냅니다. 예를 들어, 'The park is so lovely in the springtime.' 또는 'That was a lovely performance.'와 같은 문장에서 사용됩니다.

Q. 어린아이한테 설명하는 것처럼 더 쉽게 설명해줄 수 있나요?

A.   네, 물론입니다. 'Pretty', 'Gorgeous', 'Lovely'는 모두 미용적인 표현이며, 무언가가 아름답거나 매우 좋아 보일 때 사용됩니다.

'Pretty'는 보통 사람이나 물건, 장소 등을 묘사할 때 사용됩니다. 'Gorgeous'는 'Pretty'보다 더 멋진 느낌을 줍니다. 일반적으로 아름다운 여성을 묘사할 때 사용됩니다. 'Lovely'는 'Pretty'와 'Gorgeous'보다 더 사랑스럽고 귀여운 느낌을 줍니다. 일반적으로 아기나 동물 등을 묘사할 때 사용됩니다.

Q. 'Pretty, Gorgeous, Lovely'로 대화 예문을 만들어 주세요.

A. 당신: Hi, how was your date last night?

친구: It was great! She was so pretty and charming.

당신: That's great to hear. What did you guys do?

친구: We went to a lovely Italian restaurant and then took a walk by the river. She looked gorgeous in the moonlight.

당신: Sounds like a wonderful evening. You should definitely see her again.

ChatGPT로 학습할 수 있는 언어

ChatGPT는 대량의 텍스트 데이터를 학습하기 때문에, 영어, 한국어, 중국어, 일본어, 스페인어, 프랑스어 등 다양한 언어를 학습할 수 있습니다. 단, 학습하는 언어에 따라 ChatGPT가 제공하는 내용이 상이할 수 있으며, 일부 언어에 대해서는 다른 언어보다 미흡한 결과를 보일 수 있습니다.

ChatGPT를 활용하여 학습하는 언어의 종류에 따라 학습에 활용할 수 있는 데이터의 양과 질이 달라질 수 있습니다. 예를 들어, 영어는 대량의 온라인 문서와 책이 존재하기 때문에, 이를 활용하여 ChatGPT를 학습시키는 것이 상대적으로 용이합니다. 반면, 일부 소수 언어의 경우 대량의 데이터가 부족할 수 있으며, 이 경우에는 학습에 필요한 데이터를 수집하는 것이 어려울 수 있습니다.

결론적으로, ChatGPT를 사용하여 다양한 언어를 학습할 수 있지만, 학습의 성능은 학습에 활용되는 데이터의 양과 질에 크게 영향을 받습니다. 따라서, ChatGPT를 활용하여 언어를 학습할 때에도 항상 비판적인 시각으로 내용을 검토하고, 다른 출처의 자료와 비교하여 학습하는 것이 좋습니다.

프로그래밍 언어 학습

ChatGPT로 프로그래밍 언어를 학습할 수 있습니다. GhatGPT가 생성할 수 있는 프로그래밍 언어에는 Python, R, Java, C, C++, JavaScript, Ruby, Swift, Kotlin, Go, PHP, TypeScript 등이 있습니다.

코드 생성하기

ChatGPT를 통해 특정 프로그래밍 언어의 코드 예시를 생성하도록 요청할 수 있습니다. 먼저, ChatGPT에게 Java, Python과 같은 특정 프로그래밍 언어와 함께 구현하고자 하는 기능의 코드를 생성하도록 요청합니다. 그리고 ChatGPT가 생성한 코드를 분석하면서, 프로그래밍 언어의 문법 규칙과 구문에 대한 이해를 높입니다. 생성된 코드를 바탕으로 실제로 프로그램을 구현해 보면서 프로그래밍 언어를 사용하는 방법을 익힙니다. ChatGPT를 활용하여 코드를 생성하는 예시는 다음과 같습니다.

계산 규칙 관련 코드를 생성하고 더 간단한 코드로 바꿔보기

Q. 세 개의 수를 입력하면 서로 곱해주는 파이썬 코드를 작성해 줄 수 있나요?

A. 아래는 세 개의 수를 입력 받아 서로 곱해주는 파이썬 코드입니다.

```python
# 세 개의 수를 입력받습니다.
num1 = int(input("첫 번째 숫자를 입력하세요: "))
num2 = int(input("두 번째 숫자를 입력하세요: "))
num3 = int(input("세 번째 숫자를 입력하세요: "))

# 입력 받은 세 개의 수를 곱합니다.
result = num1 * num2 * num3

# 결과를 출력합니다.
print(f"{num1} x {num2} x {num3} = {result}")
```

해당 코드는 사용자로부터 세 개의 숫자를 입력 받아 변수 x, y, z에 저장합니다. 그리고 이 세 숫자를 곱하여 변수 result에 저장하고 이 결과 값을 출력해 줍니다.

코드에서 사용된 input( ) 함수는 사용자로부터 입력을 받는 함수입니다. 사용자가 입력한 값을 문자열 형태로 반환하므로 이를 정수형으로 변환해주는 int( ) 함수를 사용하여 정수형으로 저장합니다.

곱셈 연산은 * 기호를 사용하여 수행됩니다.

따라서 해당 코드는 간단한 곱셈 계산을 수행하는 코드입니다.

Q.　더 간단한 코드로 만들어 줄 수 있나요?

A.　네, 더 간단히 만들 수 있습니다. 다음과 같이 작성할 수 있습니다.

```python
a, b, c = map(int, input( ).split( ))
print(a * b * c)
```

이 코드에서는 map 함수를 사용하여 입력 받은 값을 공백을 기준으로 분리한 후, int 함수를 이용하여 정수형으로 변환합니다. 이후 a * b * c를 출력하면서 세 수의 곱을 구합니다

데이터를 제시한 후 그래프를 그릴 수 있는 코드 만들기

Q.　아마존의 연간 매출액에 대한 통계입니다. 그래프를 만드는 R 코

드를 만들어 주세요.

2022 513,983

2021 469,822

2020 386,064

2019 280,522

2018 232,887

A. 아래는 주어진 데이터를 이용하여 막대그래프를 그리는 R 코드입니다.

```R
# 데이터 입력

year <- c(2018, 2019, 2020, 2021, 2022)

sales <- c(232887, 280522, 386064, 469822, 513983)

# 막대그래프 생성

barplot(sales, names.arg = year, xlab = "Year", ylab = "Sales",
  main = "Amazon Annual Sales", col = "blue")
```

ChatGPT가 만든 코드를 R에서 실행해본 결과.

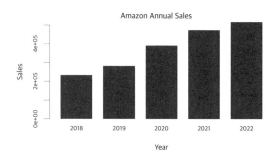

만 나이를 계산하는 코드 만들고 테스트해 보기

Q. 파이썬으로 만 나이 계산기 만들어 주세요.

A. 생일을 입력 받아서 오늘 날짜와 비교하여 만 나이를 계산하는 파이썬 코드는 다음과 같습니다.

```python
from datetime import datetime

birthday = input("생일을 입력하세요 (yyyy/mm/dd): ")
birthdate = datetime.strptime(birthday, '%Y/%m/%d')
today = datetime.today()
age = today.year - birthdate.year - ((today.month, today.day) <
(birthdate.month, birthdate.day))
print("당신의 만 나이는 {}살 입니다.".format(age))
```

위 코드에서 생일은 'YYYY-MM-DD' 형식으로 입력 받습니다. 예를 들어 1995년 3월 15일 생일인 경우 '1995-03-15'와 같이 입력하면 됩니다.

코드 실행 시 생일을 입력하면 현재 날짜와 비교하여 만나이를 계산하고 출력합니다.

Q. input 입력해 볼게요

A. 어떤 생일을 입력하시겠어요? (형식 : yyyy/mm/dd)

Q.   2000/01/01

A.   위 코드를 실행하고 생일을 입력하면 만 나이가 출력됩니다. 예를 들어, 입력한 생일이 '2000/01/01'일 경우 출력 결과는 '당신의 만 나이는 23살입니다.'가 됩니다.

감성분석 코드 만들기

Q.   R에서 아래의 코드를 사용해서 영화 리뷰를 감성분석하고 싶습니다. 리뷰를 크롤링하였는데 감성분석을 위한 코드를 이어서 작성해 주세요.

```
install.packages("XML")
library(XML) #크롤링하는데 필요한 패키지 다운로드 후 불러오기
library(stringr)
all_reviews <- NULL
url_base <- "https://movie.naver.com/movie/bi/mi/
pointWriteFormList.nhn?code=101966&type=after&onlyActualPoi
ntYn=N&order=newest&page="
for (i in 1:711) { #1:240이 1부터 240까지 반복한다는 뜻. 한페이지 리
뷰수10개 x240페이지 = 리뷰 2400개
  newr <- NULL
  url <- paste(url_base, i, sep="")
  txt <- readLines(url, encoding="UTF-8", warn=FALSE)
```

```
reviews <- txt[which(str_detect(txt, "id=\"_filtered_
ment")) +4]
reviews <- gsub("<.+?>|\t","", reviews) #특수문자 제거
newr <- cbind(reviews)
all_reviews <- rbind(all_reviews, newr)
}
write.table(all_reviews, "C:\\Temp\\movie_review.txt") #저장하는 코
드
```

A. 리뷰 크롤링 코드를 통해 수집한 영화 리뷰 데이터를 이용하여 감성분석을 진행하기 위해서는 감성사전이 필요합니다. 감성사전을 활용하여 각 리뷰의 긍부정 여부를 판단할 수 있습니다.

다음은 R을 이용하여 감성분석을 진행하는 코드입니다.

sentimentr 패키지를 사용하여 간단한 감성분석 코드를 작성한 예시입니다.

먼저, sentimentr 패키지를 설치하고 불러옵니다.

```R
install.packages("sentimentr")
library(sentimentr)
```

다음으로, 감성사전을 불러옵니다. 예시로 AFINN 감성사전을 사용해 보겠습니다.

```R
library(dplyr)

# AFINN 감성사전 불러오기
afinn <- read.table("https://raw.githubusercontent.com/fnielsen/
afinn/master/afinn/data/AFINN-111.txt",
                sep = "\t", header = FALSE,
                col.names = c("word", "value"))
```

마지막으로 sentiment_by( ) 함수를 사용하여 리뷰의 감성점수를
계산합니다.

```R
# all_reviews 리스트에 있는 리뷰 데이터프레임을 하나의 문자열로 합칩니
다.
reviews_text <- paste(all_reviews$reviews, collapse = " ")

# 감성분석을 수행합니다.
sentiments <- sentiment_by(reviews_text, by = "sentence", afinn =
afinn)

# 감성점수를 데이터프레임으로 변환합니다.
sentiments_df <- data.frame(text = rownames(sentiments), sentiment
= sentiments$ave_sentiment)
```

sentiments_df 데이터프레임에는 리뷰별로 계산된 감성점수가 저장되어 있습니다. 이제 이를 바탕으로 리뷰의 긍정/부정 여부를 판단할 수 있습니다.

감성점수는 AFINN 감성사전의 단어들에 해당하는 값들을 합산한 후, 해당 문장에 포함된 단어의 개수로 나눠서 계산합니다. 따라서 감성점수의 범위는 −5에서 5까지이며, 점수가 높을수록 긍정적인 감성을 가진 리뷰이고, 점수가 낮을수록 부정적인 감성을 가진 리뷰입니다.

ChatGPT가 만든 코드를 R에서 실행해본 결과, 〈토이스토리4〉의 네이버 영화 리뷰 감성분석 점수는 0.2점입니다.

word_count <int>	sd <dbl>	ave_sentiment <dbl>
54443	0.04055381	0.2007605

다른 프로그래밍 언어로 변환하기

Q. 아래의 파이썬 코드를 java 코드로 변환해 주세요.

a, b, c = map(int, input( ).split( ))

print(a * b * c)

A. 다음은 주어진 파이썬 코드를 Java 코드로 변환한 예시입니다.

```java
import java.util.Scanner;
```

```java
public class Main {

  public static void main(String[] args) {

    Scanner scanner = new Scanner(System.in);


    int a = scanner.nextInt( );

    int b = scanner.nextInt( );

    int c = scanner.nextInt( );

    System.out.println(a * b * c);

  }


}
```

코드의 첫 번째 줄에서는 java.util 패키지의 Scanner 클래스를 import 합니다. 이 클래스는 콘솔에서 입력을 받을 수 있게 해주는 기능을 제공합니다.

그 다음으로 main 메소드를 정의합니다. main 메소드는 자바 프로그램이 실행되면 가장 먼저 실행되는 메소드로, 프로그램의 시작점이라고 할 수 있습니다.

main 메소드에서는 Scanner 객체를 생성하여 표준 입력(System. in)으로부터 정수를 입력받습니다. 입력받은 정수들은 각각 변수 a, b, c에 저장됩니다.

마지막으로 변수 a, b, c를 곱한 결과를 출력하는데, 이때 println 메소드를 사용하여 새로운 줄에서 출력합니다.

따라서 이 코드를 실행하면, 사용자가 입력한 세 개의 정수를 곱한 결과가 콘솔에 출력됩니다.

위와 같이 ChatGPT를 활용하여 프로그래밍 언어의 코드를 생성하고 이를 바탕으로 프로그래밍 언어의 기본 구문을 학습할 수 있습니다. 또한, 스스로 코드를 실행하면서 실제로 프로그램을 구현해 볼 수 있습니다. 이를 통해 프로그래밍 언어를 실제로 사용하는 방법을 익힐 수 있습니다.

코드 분석하기

ChatGPT로 코드를 분석하여 프로그래밍 언어의 문법 규칙과 구문에 대한 이해를 제고하고 좀 더 간결하고 효율적인 코드를 만들 수 있습니다. ChatGPT를 활용하여 코드를 분석하기 위해서는 먼저 ChatGPT에 코드 분석을 요청합니다. 이후, 코드에 사용된 프로그래밍 언어의 문법 규칙과 구문을 파악합니다. 이와 동시에, 코드에 사용된 변수와 함수의 역할과 기능을 이해하고 좀 더 간결한 코드로 만드는 방법을 학습하고 좀 더 간결한 코드로 만드는 방법을 학습합니다. ChatGPT를 활용하여 코드를 분석하는 예시는 다음과 같습니다.

Q. 아래의 코드를 리뷰해 주세요.

```
num1 = input("Enter the first number: ")
num2 = input("Enter the second number: ")
sum = float(num1) + float(num2)
print("The sum of", num1, "and", num2, "is", sum)
```

A. 위 코드는 두 개의 숫자를 입력받고, 두 수의 합을 출력하는 간단한 프로그램입니다.

코드의 구성과 결과를 보면 문법상의 오류는 없습니다. 그러나, 사용자가 숫자를 입력할 때 문자를 입력하면 오류가 발생할 수 있습니다. 따라서 입력값에 대한 예외 처리가 필요합니다.

또한, sum은 파이썬 내장 함수이므로, 변수 이름으로 사용하는 것은 지양하는 것이 좋습니다.

아래는 수정된 코드입니다.

```python
try:
    num1 = float(input("Enter the first number: "))
    num2 = float(input("Enter the second number: "))
except ValueError:

    print("Please enter numbers only.")
else:
    total = num1 + num2
    print(f"The sum of {num1} and {num2} is {total}.")
```

위 코드에서는 try-except 구문을 이용해 숫자가 아닌 값을 입력했을 경우 예외처리를 합니다. 또한, 변수명을 sum이 아닌 total로 변경하여 파이썬 내장 함수와의 충돌을 피했습니다. 마지막으로 f-string을 사용하여 출력문을 더욱 가독성 있게 만들었습니다.

Q. 아래의 코드를 리뷰해 주세요.

print(2)

print(4)

print(6)

print(8)

print(10)

A. 이 코드는 간단하게 2부터 10까지 짝수를 출력하는 코드입니다. 리뷰를 하기에는 코드의 길이가 짧아서 특별한 문제점이 없습니다. 하지만 만약에 이 코드를 반복문을 이용해서 작성한다면 코드를 더욱 간결하게 만들 수 있습니다.

아래는 파이썬으로 구현한 코드입니다.

```python
for i in range(2, 11, 2):
    print(i)
```

range(2, 11, 2)는 2부터 10까지 2씩 증가하는 범위를 나타냅니다. for 문을 사용하여 범위 안의 숫자를 출력하면 됩니다.

코드 수정하기

ChatGPT를 통해 코드에 문법적으로 오류가 있는 부분을 수정하면서, 프로그래밍 언어의 문법 규칙과 구문에 대한 이해를 높일 수 있습니다. 먼저 ChatGPT에 코드에서 발생한 오류나 문제점의 분석을 요청합니다. 그리고 오류나 문제점을 수정하기 위해 필요한 프로그래밍 언어의 문법 규칙과 구문을 이해합니다. 수정된 코드를 실행해 보면서, 오류나 문제점이 해결되었는지 확인합니다. ChatGPT를 활용하여 코드를 수정하는 예시는 다음과 같습니다.

> Q. 코드가 실행이 안됩니다. 어떤 부분을 수정해야 할까요?
>
> num1 = input("Enter the first number : ")
>
> num2 = input("Enter the second number : ")
>
> sum = floa(num1) + float(num2)
>
> print("The sum of", num1, "and" num2, "is", sum)
>
> A. 문제가 있는 부분은 두 곳입니다.
>
> ① floa는 오타입니다. float로 수정해야 합니다.
>
> ② print문에서 콤마(,)로 구분하는 부분이 빠져 있습니다. print("The sum of", num1, "and", num2, "is", sum)으로 수정해야 합니다.
>
>   다음은 수정된 코드입니다.

```python
num1 = input("Enter the first number: ")
```

```python
num2 = input("Enter the second number: ")
sum = float(num1) + float(num2)
print("The sum of", num1, "and", num2, "is", sum)
```

코드의 첫 번째 줄에서는 java.util 패키지의 Scanner 클래스를 import 합니다. 이 클래스는 콘솔에서 입력을 받을 수 있게 해주는 기능을 제공합니다.

그 다음으로 main 메소드를 정의합니다. main 메소드는 자바 프로그램이 실행되면 가장 먼저 실행되는 메소드로, 프로그램의 시작점이라고 할 수 있습니다.

main 메소드에서는 Scanner 객체를 생성하여 표준 입력(System.in)으로부터 정수를 입력받습니다. 입력받은 정수들은 각각 변수 a, b, c에 저장됩니다.

마지막으로 변수 a, b, c를 곱한 결과를 출력하는데, 이때 println 메소드를 사용하여 새로운 줄에서 출력합니다.

따라서 이 코드를 실행하면, 사용자가 입력한 세 개의 정수를 곱한 결과가 콘솔에 출력됩니다.

ChatGPT로 학습하여 세상의 히어로가 되자

인공지능 기술은 비약적으로 발전하고 있습니다. 인공지능 기술의 발전으로 등장한 생성형 AI인 ChatGPT와 같은 언어 모델은 사람과 대화하면서 새로운 지식을 학습하고 학습한 지식을 활용하기에 이르렀습니다. 이와 같은 기술의 발전을 적극 활용하여 맞춤형 교육이 가능해진 환경이 조성되었고, 이는 미래교육의 대표적인 방식 중 하나로 대중의 관심을 받고 있습니다. 달리 말하면, 과거의 지식 전달형 교육은 교사가 학생들에게 지식을 전달하는 방식이었지만, 이제는 학생들이 질문을 하고 답변을 찾아가는 방식으로 교육 패러다임이 변화하고 있다고 볼 수 있는 것입니다.

미래교육은 학생 중심의 교육이 강조되며, 학생들이 스스로 학습하는 능력을 기르는 것이 중요합니다. ChatGPT는 학생들이 더 깊이 있는 질문을 하고 답변을 찾아가는 과정에서 더 많은 지식을 습득할 수 있도록 도와줄 수 있는 유용한 도구입니다. 따라서, ChatGPT와 같은 인공지능 기술은 학생 중심의 교육을 실현하는 데 있어 중요한 역할을 할 것으로 기대됩니다. 교육은 ChatGPT를 활용하며 '맞춤형 교육의 확대', '플립러닝 기반의 HTHT 교육의 확산', '대화형 학습의 확대', '글쓰기 교육의 혁신' 등으로 변화할 것으로 예상됩니다.

ChatGPT와 같은 인공지능 기술은 교육 분야에서 교수자들에게 다양한 지원을 해줄 수 있을 것으로 예상됩니다. ChatGPT와 같은 인공지능 기술을 교육에 활용하면, 학습자들은 개별 맞춤형 학습 경험을 할 수 있으며, 교수자는 더 효율적으로 학습자들을 지도할 수 있습니다.

하지만 ChatGPT는 인공지능 기술에 기반한 생성형 AI이기 때문에 모든 질문에 정확한 답변을 제공하지는 않습니다. 따라서 ChatGPT의 답변을 받아들이기 전에 질문의 의도를 명확히 이해하고, 다른 공인된 자료나 정보와 함께 검증하는 것이 좋습니다.

특히 미성숙한 학습자들이 ChatGPT를 활용할 때는 다음과 같은 사항을 특히 유의해야 합니다. 선정적인 언어나 비속어를 사용하지 않도록 해야 합니다. 정치적인 이야기나 인종 차별적인 언어, 폭력적인 언어, 차별적인 언어 등 논란이 될 수 있는 내용을 다루는 경우, 학습자들에게 해당 내용을 바르게 이해하도록 안내해주는 것이 중요합니다. ChatGPT를 이용해서 학습자들이 학습하고자 하는 주제나 질문에 대한 정보를 얻을 때, 학생들이 이해하기 쉬운 언어로 대화를 이어가도록 유도해야 합니다. 일반적인 단어 선택, 문법 선택 등도 간과하지 않고 주의 깊게 대화를 이어가야 합니다.

학습자들은 ChatGPT를 사용하는 과정에서 사용상 유의사항을 포함하는 가이드라인에서 제시한 규칙과 정책을 준수해야 합니다. 학교나 교사가 ChatGPT 사용을 허용하지 않는다면, 이를 무시하고 사용하는 것은 부정적인 결과를 초래할 수 있습니다. ChatGPT를 활용할 때는 교수자나 보호자 등의 감독 하에 사용해야 합니다. 미성숙한 청소년들이 자율적으로 사용할 경우, 위험한 내용을 접하거나, 권장하지 않는 방향으로 대화가 진행될 가능성이 있습니다. 미성숙한 학습자에 대해서는 교수자와 보호자의 각별한 관심과 지도가 필요하다고 할 수 있습니다.

이와 유사한 맥락에서 학교에서는 학생의 개인정보 보호와 관련하여 정책을 마련하고 있으므로, ChatGPT를 이용할 때는 개인정보 보호와 관련된 규정을 준수해야 합니다. 대화를 이어가는 과정에서 학생들이 개인적인 정보를 공유하거나, 다른 학생들에게 해를 끼칠 수 있는 내용을 공유하는 경우, 적극적으로 대처해야 합니다. 개인정보 보호, 사생활 보호, 친구나 타인에게 상처를 줄 수 있는 내용 등이 이에 해당합니다.

교육 분야에서 ChatGPT와 다양한 인공지능 기술은 이제 선택이 아니라 필수적으로 활용해야 할 도구가 되었습니다. 이 책은 ChatGPT를 활용하는 초기에 집필이 되었습니다. 앞으로 더 발전된 기술을 활용한 교육 혁신 사례가 쏟아져 나오리라 생각합니다.

영화 〈아이언맨〉에서 주인공이 슈퍼 파워를 발휘하는 것은 강력한 힘을 발휘하는 멋진 수트의 영향도 있지만, 인지적 사고와 판단을 지원하는 인공지능 비서 '자비스'의 도움을 필요한 시기에 받았기 때문이기도 합니다. 이제 독자 여러분 모두 ChatGPT의 주인인 아이언맨이 되어 본인의 잠재 역량을 최대한 발휘할 수 있는 교수자와 학습자가 되시기를 기원합니다.

챗GPT 교육혁명

ChatGPT를 활용한 하이터치 하이테크 미래교육

초판 1쇄 발행 2023년 3월 30일
초판 9쇄 발행 2024년 11월 13일

지은이 정제영 조현명 황재운 문명현 김인재
펴낸이 박영미
펴낸곳 포르체

출판신고 2020년 7월 20일 제2020-000103호
전화 02-6083-0128 | 팩스 02-6008-0126
이메일 porchetogo@gmail.com
포스트 https://m.post.naver.com/porche_book
인스타그램 www.instagram.com/porche_book

ⓒ정제영, 조현명, 황재운, 문명현, 김인재(저작권자와 맺은 특약에 따라 검인을 생략합니다.)
ISBN 979-11-92730-30-1 (13370)

여러분의 소중한 원고를 보내주세요.
porchetogo@gmail.com